KB273066

엄마와 함께 읽으며 배우는

속담풀이

한국학자료원

머 리 말

속담은 우리 나라의 민족정신이 잘 나타나있는 정신적 유산
이다.

몇 마디 안되는 짤막한 어구이지만 그 속에 담겨 있는 우리
조상들의 경험과 생각, 충고와 수양, 인심과 심성, 지혜와 익
살등 도덕적, 종교적, 철학적 진리가 포함되어 있다. 이를 통
해 우리들은 생활속의 지혜를 알게 되고 훌륭한 교훈을 얻게
된다.

흔히, 우리 생활에서 비근한 예를 들때, 비꼬아서 말할 때,
또는 익살을 부릴 때 속담을 많이 쓰게 되는데 이 속담을 바
르게 알고, 바르게 활용하여 언어 생활을 윤택하게 하고 사고
력, 추리력, 창조력을 길러야 하겠다.

비록 우리 나라 속담이 전통사회에서 형성된 것이어서 간혹
현대사회에서는 적합하지 않은 것이 없지 않으나, 그 대부분
은 시대를 초월한 오랜 세월동안 다듬어지고 축소, 응결된 명
언이라 하겠다.

오늘날 우리 나라는 많은 외래문화의 수용으로 우리의 것을
잃어 가고 있다. 그리하여 우리 주변에서 재치있는 속담의 사
용을 듣기 어렵게 된 것은 참으로 유감스러운 일이다.

특히, 젊은 세대인 학생들의 언어 생활에서 속담이 많이 잊
혀져 가고 있음을 쉽게 알 수 있다.

그래서 생활속의 멋과 여유를 찾을 수 있는 속담들을 학생
들이 이해하기 쉽도록 원어 아래 그 뜻을 풀이해 두었고 일상
적인 언어 생활속에서 쉽게 응용할 수 있도록 가나다 순으로
엮었다.

차 례

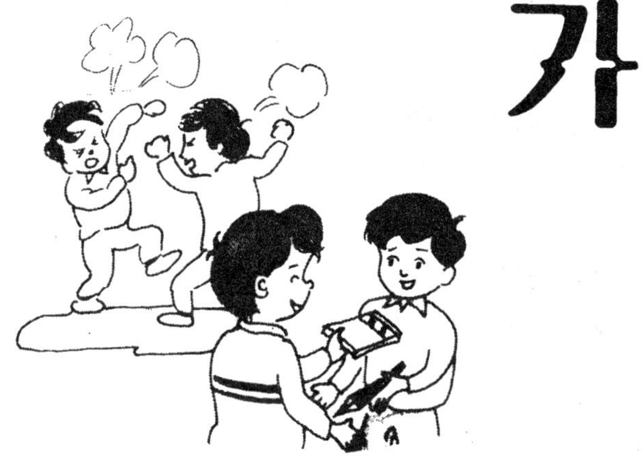

가

가는 말이 고와야 오는 말이 곱다

□ **가까운 남이 먼 일가보다 낫다**
이웃과 서로 가까이 지내면 그것이 먼 곳에 있는 친척
보다 더 친하게 된다는 말.

□ **가난한 사람의 구제(救濟)는 나라에서도 어렵다**
가난한 사람을 구제하는 일은 끝이 없으므로 한 개인
의 힘으로는 너욱 어렵다는 뜻.

□ **가난이 죄(罪)다**
가난하기 때문에 잘못을 저지르기 쉽다는 뜻.

□ **가난한 집에 자식(子息)이 많다**
가난한 집에는 먹을 것 입을 것 걱정이 많은데 자식이
많다고 하여 이르는 말.

□ **가난한 집 제사 돌아오듯 한다**
괴로운 일이 계속 닥쳐 옴을 말함.

일년에 한 번 밖에 없는 제사이지만 살림이 가난하여
고통스럽게 느껴지는데서 이르는 말.

□ 가는 정이 있어야 오는 정도 있다
자기도 남에게 좋은 일을 해야 그 보답을 받을 수 있다
는 것.

□ 가는 말에 채찍질
잘하는 일을 더 잘하도록 박차를 가한다는 뜻.

□ 가는 말이 고와야 오는 말이 곱다
내가 남에게 잘 해야 남도 나에게 잘 한다는 말.

□ 가는 방망이 오는 홍두깨
남을 해치려고 하다가 제가 도리어 더 크게 화를 입게
된다는 뜻.

□ 가는 사람 잡지 말고 오는 사람 막지 말라.
매사에 뜻이 맞는 사람들끼리 일을 해야 잘 이루어 짐
을 가리킨 말.

□ 가는 손님은 뒤꼭지가 예쁘다
가난하여 손님 대접하기가 어려울 때 일찍 돌아가는
손님이 주인에게는 고맙게 여겨진다는 말.

□ 가는 토끼 잡으려다가 잡은 토끼 놓친다
욕심을 너무 크게 부려 한꺼번에 여러 가지를 하려다
가 이미 이룬 일까지 실패하기 쉽다는 말.

□ 가던 날이 장날이라
뜻하지 않은 일이 때 마침 공교롭게 만난 경우를 말함

□ 가랑 비에 옷 젖은 줄 모른다

조금씩 없어지는 줄 모르게 재산 같은 것이 줄어드는
것을 말함.

□ 가랑잎에 불 붙듯
　성미가 매우 급하고 도량이 작은 사람을 비유한 말.

□ 가랑잎이 솔잎더러 바스락 거린다고 한다
　자기 허물이 큰 줄은 모르고 남의 작은 허물을 들어 나
무래는 어리석은 행동을 이르는 말.

□ 가마 타고 시집 가기는 틀렸다
　제 격식대로 하기는 틀렸음을 이르는 말.

□ 가려운 곳 긁어 주듯
　도무지 불편한 데가 없도록 가지가지로 마음을 쓰며
시중을 든다는 뜻.

□ 가마솥이 노고솥보고 검다고 한다
　자기가 더 나쁘면서도 남보고 나쁘다고 하는 사람을
비웃는 말.

□ 가문 덕에 대접 받는다
　자기는 변변치 못하여도 좋은 집안에서 태어난 탓으로
상당한 대우를 받게 된다는 말.

□ 가물에 콩 나듯 한다
　어떤 일이나 물건이 드문드문 있는 것을 말함.

□ 가사(家事)에는 규모가 제일이라
　집안 살림을 잘 하려면 무엇보다 생활에 계획적인 규
모가 있어야 한다는 말.

□ 가시나무에 가시 난다

원인이 있으면 으레 결과가 있는 법이며, 따라서 뛰어
난 일은 하기 어렵다는 뜻.

□ 가을에는 부지깽이도 덤벙거린다

추수할 때는 너무나 바쁘기 때문에 어린아이까지도 일
을 한다는 뜻. 몹시 바쁘다는 것을 나타낼 때 쓰는 말
이다.

□ 가을 중 싸대듯 한다

중도 가을에는 동냥하기가 바쁘다. 이때 동냥하여 겨
울 식량을 마련했던 것이다.
이 속담은 가을이란 바빠서, 동냥하는 중처럼 여기저
기를 바삐 뛰어다녀야 한다는 뜻.

□ 가을에는 마님도 나막신짝 들고 나선다

이말도 가을의 바쁨을 말하는 속담, 마님과 같이 평소
에 일도 않는 신분이 높은 사람이라도 분주하다는 뜻.

□ 가자니 태산(泰山)이요, 돌아서자니 숭산(崇山)
이라

앞으로 나가지도 못하고 뒤로 돌아가지도 못하여 어떻
게 해야 좋을지 모르는 매우 어려운 처지에 빠졌다는
뜻.

□ 가지 많은 나무 바람 잘 날 없다

가지가 많은 나무는 늘 흔들리듯이 자손이 많은 부모
는 항상 근심 걱정이 떠나지 않는다는 말.

□ 가재는 게 편이다

모양이 서로 비슷하고 서로 인연이 있는 쪽으로 같은
편이.되어 붙는다는 말.

나도 새야
간에 붙었다 쓸개에 붙었다 한다
이러면 감쪽같이
두발달린 짐승이걸랑요!

□ 가재 걸음
  너무 느리거나 진전이 별로 없을 때 쓰는 말.

□ 간다 간다 하면서 아이 셋 낳고 간다
  그만 둔다고 말을 하면서 그만 두지 못하고 질질 끌게
  됨을 이르는 말.

□ 간에 붙었다. 쓸개에 붙었다 한다.
  자기에게 조금이라도 이익이 있는 일이라면 체면과 지
  조를 지키지 않고 아무에게나 아첨하는 것을 이르는
  말.

□ 간에 기별도 안간다
  음식을 조금 밖에 먹지 못하여 자기의 양에 차지 않은
  것 같이 자기가 바라는 바에 너무나 어긋 날 때 이르는
  말.

□ 간이 콩알만 하다.
  크게 놀라거나 겁이 나서 매우 두렵다는 뜻.

□ 갈매기도 제 집이 있다
  바다에서 날아다니는 갈매기도 제 집이 있는데 어찌하
  여 사람에게 집이 없겠느냐고 하는 말.

□ 갈수록 태산이다
  일이 갈수록 점점 어려워 진다는 말.

□ 갈치가 갈치 꼬리 문다
  같은 동료끼리 서로 못 살게 해를 끼치고 돌아감을 말
  함.

□ 감기 고뿔도 남 안준다

아주 인색한 사람을 두고 비꼬는 말.

□ **감나무 밑에 누워 연시 입안에 떨어지기 바란다**
아무런 수고도 하지 않고 이익을 바란다는 뜻.

□ **감나무 밑에 누워도 삿갓 미사리를 대어라**
으레 자기에게 돌아올 이익이라도 서둘러 노력하지 않으면 안된다는 뜻.
미사리는 삿갓이나 방갓 밑에 대고서 쓰는 것. 지금은 볼 수 없지만 왕골 따위를 엮어 만든 둥근 테두리로서 이것을 사용하게 되면 삿갓 따위가 푹 내려앉지 않고 편리하다.

□ **감사 덕분에 비장나리**
남의 덕분에 호강한다는 말.
옛날 조선조 시대에 우리나라는 8도로 나누어졌고 도마다 감사[관찰사]가 있었다. 알기쉽게 말해서 지금의 도지사다.
비장은 그 감사에 딸린 무관으로서 지금 말로는 참모나 같다.

□ **갓 쓰고 자전거 탄다**
어울리지 않아 어색하고 우습다는 뜻.

□ **강계도 평안도 땅이다**
아무리 멀리 동떨어져 퍽 다르게 보이나 사실은 같은 연관을 가졌다는 말.

□ **강물도 쓰면 준다**
아무리 많은 것이라도 자꾸 쓰면 줄어드는 것이니 무엇이나 많다고 헤프게 쓰지 말고 아껴 쓰라는 뜻.

□ 강원도 포수

볼 일이 있어 밖에 나갔다가 오래도록 돌아오지 않음
을 이르는 말.

□ 강태공의 곧은 낚시질

큰 뜻을 품고 때가 오기를 기다리며 아무런 할일 없이
나날을 보낸다는 뜻.

□ 강아지에게 주석 맡긴 것

무슨 일을 믿을 수 없는 사람에게 맡겨졌을 때 그것이
염려된다는 뜻.

□ 값도 모르고 싸다 한다

어떠한 일의 이치도 잘 모르고 덤벙거린다는 뜻.

□ 값싼 갈치 자반

값이 싸서 만만하고 쓰기에도 중요치 않은 물건을 말
할 때 쓴다.

□ 같은 값이면 과부집 머슴살이

같은 일을 할 바엔 자기에게 이익이 많은 곳으로 간다
는 말.

□ 같은 값이면 다홍치마

같은 값이면 보기 좋고 품질이 좋은 것을 갖는다는 말.

□ 개가 콩엿 사먹고 버드나무에 올라간다

어리석은 사람이 할 수 없는 일을 할 수 있다고 큰소리
치며 뻐기는 것을 비웃는 말

□ 개가 약과 먹는 것 같다

개가 약과의 그 맛을 모르듯 다만 입에 넣어 먹기는 하

개같이 벌어서 정승같이 먹는다

지만 그 참다운 맛을 모른다는 비웃음의 뜻이다.

□ 개같이 벌어서 정승같이 먹는다

천한 일을 하여 돈을 벌어서도 깨끗이 보람 있게 쓰면
된다는 말.

□ 개에게 호피

격에 맞지 않고 지나친 것을 이르는 말.

□ 개구리 올챙이 적 생각 못한다

자기의 지위가 높아지면 지난날 미천하던 때의 생각을
못한다는 말.

□ 개 꼬락서니 미워서 낙지 산다

자기가 미워하는 사람을 위해 힘쓰지 않는다는 뜻. 개
는 고기 뼈다귀 따위를 좋아한다. 그래서 낙지라는 말
을 써서, 이런 속담이 생겼던 것이다.

□ 개구멍에 망건치기

먼저 개구멍이란 무엇일까? 개가 드나들 수 있게 담장 밑에 작은 구멍을 낸 것이 개구멍이다. 이 속담의 뜻은 남에게 빼앗길까봐 겁을 먹고 있다가 그 물건까지 빼앗긴다는 뜻. 너무 소심하면 안된다는 말이다.

□ 개구리 주저앉는 뜻은 멀리 뛰자는 뜻이라

큰 일을 이루기 위한 준비 태세는 우리가 보기에는 어리석고 못나게 보인다는 것을 비유한 말.

□ 개구리도 웅크려야 뛴다

뛰어오르기를 잘하는 개구리를 관찰한 적이 있습니까? 개구리는 뛰어오를 때 몸이 웅크린 자세가 된다.

□ 개 눈에는 똥만 보인다

어떤 것을 좋아하면 모든 것이 그것과 같게 보인다는 말.

□ 개도 나갈 구멍을 보고 쫓아라

사람을 아무리 궁지에 몰아 넣더라도 살아 날 수 있는 여유를 주라는 뜻.

□ 개도 닷새가 되면 주인을 안다

배은망덕한 사람에게 개만도 못하다고 하는 말.

□ 개도 무는 개를 돌아 본다

무는 개는 두려워하여 다시 돌아보지만, 물지 않는 개는 본척도 하지 않듯이 사람도 영악하고 사나우면 그 해를 입지 않으려고 오히려 잘해 준다는 말.

□ 개똥도 약에 쓰려면 없다

아무리 흔히 있는 물건도 꼭 쓸 데가 있어 찾으면 드물고 귀하다는 뜻.

□ 개똥이 무서워 피하나, 더러워 피하지
행실이 좋지 않은 사람과 싸우느니 보다는 피하는 것이 좋다는 말.

□ 개똥밭에 이슬 내릴 때가 있다
아무리 천하고 가난한 사람이라도 행운을 만날 수 있다는 것 비슷한 속담으로는 「쥐구멍에도 볕들날이 있다」

□ 개똥에 망아지새끼 따라다니듯
꼭 필요치도 않은 사람이 쓸데없이 이곳저곳 따라다니는 것을 비웃는 말.

□ 개라고 똥 다르랴
본디 성격이 포악한 사람은 더불어 비교할 수가 없다는 말. 피장파장이란 말과 같다.

□ 개를 기르다 다리를 물렸다
자기가 도와주고 은혜를 베풀어 준 사람에게 피해를 입었을 때 하는 말.

□ 개와 친하면 옷에 흙칠을 한다
좋지 못한 사람과 친하게 지내면 해만 입는다는 뜻.

□ 개 못된 것은 들에 가서 짖는다
개가 집은 지키지 않고 들에 나가 짖는다 함이니 마땅히 제가 해야 할 일은 소홀히 하고 아무 소용도 없는 곳에 가서 잘난 체하며 떠드는 행동을 말함.

□ 개미가 거동하면 비가 온다

개미들이 떼를 지어 길가에 쏟아져 나와 다니면 비가
온다하여 하는 말.

□ 개미 구멍으로 공든 탑 무너진다

조그만 실수로 큰 손해를 초래했을 때 하는 말.

□ 개미 금탑(金塔)모으듯 한다

부지런히 일하고 알뜰히 아껴서 큰 재산을 이룬다는
말.

□ 개미 나는 곳에 범 난다

처음에는 아주 작은 일로 대수롭지 않던 일이 차차 커
지고 심하여 크고 무서운 두통거리가 된다는 말.

□ 개미 쳇바퀴 돌듯 한다

같은 장소를 돌기만 하듯이 노력을 하여도 발전되지
못하는 것을 이르는 말.

□ 개밥에 도토리

따로 따돌림을 받아 여러 사람과 어울리지 못하는 사
람을 말함.

□ 개방귀 같다

개도 방귀를 뀔까요? 뀌는 것은 틀림 없겠지만 아마
들어본 사람은 적을 것이다. 그래서 이런 속담이 생겼
는지도 모른다.
이 속담의 뜻은, 너무나 작고 시시한 것이라 있는지 없
는지 알 수 없는 것을 말할 때 쓴다.

□ 개 보름 쇠듯 한다

명절같은 때 특별히 음식을 차리지도 못하고 쓸쓸하게
지내는 것을 말한다.

고양이 앞에 쥐

□ 개살구도 맛 들일 탓

어떤 일이든 취미를 붙이기에 달렸다는 말.

□ 개살구 지레 터진다

맛 없는 개살구가 맛 있는 참살구보다 먼저 익는다는
말이니 아직 자라기도 전에 좋지 않은 것부터 할 때 이
르는 말.

□ 개 싸움에 물 끼얹는다

주위가 매우 소란할 때 쓰는 말. 개가 싸울 때 물을 끼
얹어도 좀처럼 그치지않고 시끄럽게 짖어대는 일을 두
고서 이런 속담이 생겼나 보다.

□ 개처럼 벌어서 정승같이 산다

자기는 아무리 천하게 일하더라도 거기에서 번돈으로
깨끗하게 살면 된다는 말.

□ 개천에서 용(龍) 난다

변변하지 못한 집안에서 훌륭한 인물이 난다는 말.

□ 개 팔자가 상 팔자라

놀고 있는 개가 부럽다 함이니, 일이 분주하고 고생스
러울 때 이르는 말.

□ 객지(客地) 생활 삼년에 골이 빈다

집을 나와 객지에 돌아 다니게 되면 아무리 잘해 준다
하여도 고생이 되어 허울만 남는다는 말.

□ 거문고 인 놈이 춤을 추면 칼 든 놈도 춤을 춘다

남의 결점을 장점인 줄 알고 함부로 본 뜨는 것.

□ 거문고에 돌쩌귀

제격에 맞지 않아 어울리지 않는 것을 비웃는 말.

□ 거미도 줄을 쳐야 벌레를 잡는다
어떤 일이든 준비가 있어야 결실을 얻을 수 있다는 말.

□ 거미줄로 방귀 동이 듯이
무슨 일이고 건성으로 하는 척만 하는 것.

□ 거미줄 따르듯
밀접한 관계가 있어 떨어지지 않고 서로 따라다니는
것.

□ 거지는 모닥 불에 살 찐다
아무리 어려운 사람이라도 무엇이든 하나쯤은 사는 재
미가 있다는 말.

□ 거북이 잔등이의 털을 긁는다
거북의 잔등에는 털이 없다. 그러한 곳에서도 열심히
하면 목표하는 것을 얻는다는 뜻.

□ 거지가 도승지 불쌍하다고 한다
그 지위는 높으면서도 근심과 걱정이 많은 사람을 뜻
함.

□ 거지 발싸개 같다
아주 더럽고 지저분한 것을 말함.

□ 걱정도 팔자
자기에는 아무런 관계없는 사람이 남의 일에 참견하는
사람을 비웃는 말.

□ 걱정이 반찬이면 상다리 부러진다
쓸 데 없이 걱정하느라고 식사도 제대로 하지 않는 사
람을 두고 하는 말.

□ 거친 세벌은 먹어도 꼼꼼애벌은 못 먹는다
농어민의 부지런함을 일깨워 주는 말.

□ 건너다 보니 절 터라
내용을 보지 않고도 틀림없음이 짐작 된다는 말.

□ 건너 산 보고 꾸짖기
그 사람 앞에서는 직접 비판이나 욕을 하지 못하고 뒷
전에 욕하는 것.

□ 건너 산 쳐다 보기
어떤 일을 할 때 열중하지 않고 한눈을 판다는 뜻.

□ 건전한 정신은 건전한 신체에 깃든다
이것은 격언이다. 신체가 건강하면 자연히 마음도 건
전하다는 것이다.

□ 걷기도 전에 뛰려고 한다
쉬운 것도 못하면서 어려운 것을 하려고 덤벙댄다는
뜻.

□ 검은 머리 파뿌리 되도록
검은 머리가 파뿌리처럼 하얗게 된다 함이니 아주 늙
도록까지라는 뜻.

□ 걸음아 날 살려라
어서 빨리 도망가야 하겠다는 뜻. 급할 때 사용한다.

□ 검둥개 도야지 편이다
인연있는 대로 따라가기 마련이라는 뜻.
가재는 게편이라.

□ 검둥개 멱감듯

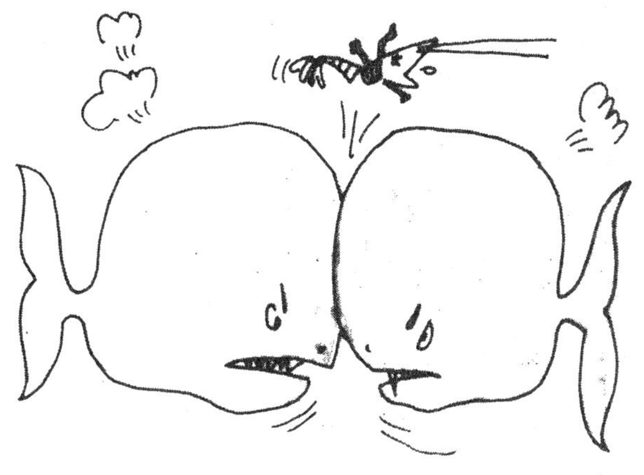

고래 싸움에 새우등 터진다

무슨 일이고 보람이 나타나지 않는 것을 한탄하는 말.

□ 게 걸음 친다

뒷걸음만 친다는 뜻으로 진보하지 못하고 퇴보만 함을
이르는 말.

□ 게 눈 감추듯 한다

음식을 빨리 먹거나 마실 때 이르는 말.

□ 게도 구럭도 다 잃었다

일을 하려고 하였으나 이루지 못하고 도리어 자기 것
만 손해 보았다는 뜻.

□ 게으른 여편네 밭고랑 세듯

일은 안하고 빨리 그 일에서 벗어나려고 궁리만하는
것을 말함.

□ 게으른 여편네 아이 핑계 하듯
  일하기 싫으므로 아이 젖먹이는 핑계를 한다 함이니
  꾀를 부리고 일을 하지 않는다는 말.

□ 게 잡아 물에 넣다
  아무런 소득없이 수고만 했다는 뜻.

□ 겨울이 지나지 않고 봄이 오랴
  세상 일은 무엇이나 일정한 순서가 있는 것이니 급하
  다고 하여 억지로 할 수 없다는 말.

□ 겨울 화롯불은 어머니보다 낫다
  추운 겨울에는 더운 것이 제일 좋다는 뜻.

□ 곗술을 낯내기
  남의 것을 가지고 생색을 내는 것.

□ 경치고 포도청 간다
  죽을 욕을 보고도 또 포도청에 잡혀가 벌을 받는다 함
  이니 매우 혹독한 형벌을 받는다는 뜻.

□ 계란에도 뼈가 있다
  운수가 나쁜 사람은 무슨 일을 하나 안 된다는 뜻.

□ 계집 때린 날 장모 온다
  자기 아내를 때린 날 장모가 온다 함이니 일이 공교롭
  게 잘 안되어 낭패를 본다는 뜻.

□ 계집 바뀐 건 모르면서 젓가락짝 바뀐 건 안다
  큰 변화는 모르고 지내면서 작은 변화를 가지고 들고
  떠들 때 하는 말.

□ 계집은 상을 들고 문지방을 넘으며 열두가지 생
  각을 한다

여자는 언제나 복잡한 생각을 하고 있다는 뜻.

□ 계집의 곡한 마음 오뉴월에도 서리 내린다
여자의 마음이 한번 비뚤어져 저주하고 원한을 품게
되면 무더운 오월과 유월의 날씨에 서릿발이 칠만큼
매섭고 독하다는 뜻,

□ 계집이 늙으면 여우가 된다
여자들이 요망스럽다 하여 이르는 말.

□ 고기 값이나 하여라
다 죽게된 목숨을 구구히 아껴서 추하게 굴지말고 자
기 몸뚱이의 살코기 값 만큼이라도 부끄럽지 않은 일
을 하라는 뜻.

□ 고기는 씹어야 맛을 안다
겉으로 아는 것처럼 건성 보아서는 그 참뜻을 모른다
는 뜻. 무엇이든 바로 알려면 실제로 겪어 보아야 한다
는 말.

□ 고기는 씹어야 맛이 나고 말은 해야 시원하다
무슨 말이나 할 말은 해야 속이 시원하듯 공연히 속으
로 끙끙거리고 애태울 필요가 없다는 말.

□ 고기는 안 잡히고 송사리만 잡힌다
목적하는 바는 놓치고 쓸 데 없는 것만 얻게 되는 것을
말함.

□ 고기도 먹어 본 사람이 많이 먹는다
무슨 일이든지 늘 하던 사람이 더 잘하게 된다는 말.

□ 고기도 저 놀던 물이 좋다
평소에 낯익은 곳이 좋다는 말이니 정든 제 고장이 좋

고 항상 가까이 지내는 사람들 사이에 있는 것이 좋다
는 뜻.

□ 고드름 초장같다
겉으로 보기에는 훌륭하나 실속은 맹물인 것을 말함.

□ 고래 싸움에 새우등 터진다
남이 싸우는 통에 아무 관계없는 사람이 해를 입는다
는 뜻. 강자끼리 싸우는 통에 아무 관계 없는 약자가
피해를 입는다는 뜻.

□ 고름이 살 되랴
이왕 그릇된 일은 다시 잘 되지 않을 것이라는 뜻.

□ 고삐가 갈면 밟힌다
옳지 못한 일을 오래 계속하면 결국은 남에게 들킨다
는 뜻.

□ 고삐 없는 말
아무런 구속도 받지 않고 자유스런 처지라는 뜻.

□ 고생 끝에 낙이 있다
어려운 일 괴로운 일 겪고 나면 즐겁고 좋은 일도 있
다는 말.

□ 고슴도치도 제 새끼가 함함하다면 좋아한다
칭찬을 받지 못할 일이라도 칭찬을 해주면 좋아한다는
뜻.

□ 고양이가 쥐를 마다 한다
마땅히 좋아 하던 것을 싫다고 할 때 이르는 말.

□ 고양이 달걀 굴리듯

고생끝에 낙이 있다

무슨 일을 재치 있고 묘하게 해나가는 것을 말함.

□ 고양이와 개다
서로 앙숙인 관계를 말함.

□ 고양이 목에 방울 달기
실행 할 수 없는 것을 공연히 의논하는 것을 말함.

□ 고양이 보고 반찬가게 지켜 달란다
귀중한 것을 믿을 수 없는 사람에게 맡겨 오히려 잃게 된다는 말.

□ 고양이 세수하듯
남이 하는 것을 흉내만 내고 그치는 것을 말함.

□ 고양이 앞에 쥐
꼼짝 못한다는 뜻.

□ 고와도 내님 미워도 내님
한번 정을 맺은 이상 좋으나 나쁘나 말할 것 없다는

뜻.

□ 고욤 일흔이 감 하나만 못하다
　자질구레한 것이 아무리 많아도 큰 것이 하나만 못하
　다는 뜻.

□ 고운 사람 미운데 없고 미운 사람 고운데 없다
　한번 사람을 좋게 보면 그 하는 일이 옳게만 보이고,
　한번 나쁘게 보면 그 하는 일도 나쁘게만 보인다는 뜻.

□ 고운 일하면 고운 밥 먹는다
　사람이 좋은 일을 하면 반드시 좋은 댓가를 받고, 나쁜
　일을 하면 나쁜 댓가를 받는다는 뜻.

□ 곤쟁이 주고 잉어 낚는다
　작은 자본을 들여 큰 이익을 보는 것.
　곤쟁이는 새우의 일종으로서 몹시 작고 몸이 무르다.
　소금에 절여 김장할 때 쓰는 것이다.

□ 곧은 나무 먼저 꺾인다
　사람도 똑똑한 사람이 먼저 없어지게 되고, 촉망 받던
　사람이 일찍 죽기 쉽다는 뜻.

□ 골 나면 보리방아 더 잘 찧는다
　사람이 화가 나면 기운 풀이를 하여 힘이 세어진다는
　말.

□ 곯아도 젓국이 좋고 늙어도 영감이 좋다
　싱싱하지 못하고 다 삭은 젓국이 맛 있는 것과 같이 사
　람이 아무리 늙어도 자기 배우자가 가장 좋다는 뜻.

□ 곰 가재 뒤지듯

곰이 개울에서 돌을 뒤져 가재를 잡듯이 굼뜬 동작을
비유하는 말. 말하자면 몸이 느리다는 의미다.

□ 곰이라 발바닥을 핥으랴
먹을 것이 아무것도 없다는 뜻인데, 보통 먹지 않고서
살 수 있으랴 하는 뜻을 말할 때 사용한다.

□ 공 것이라면 비상(砒霜)도 먹는다
공짜라면 무엇이든 먹기를 매우 좋아 한다는 뜻. 비상
이란 무서운 독의 일종이다.

□ 공 든 탑이 무너지랴
힘과 정성을 다하여 한 일은 헛되지 않아 반드시 **좋은**
결과를 얻을 수 있으리라는 뜻.

□ 공부 하랬더니 개 잡이를 배웠다
좋은 일을 하라고 일껏 일렀더니 나쁜 짓만 하였다는
말.

□ 꼴 보고 이름 짓는다
생긴 꼴과 비슷한 행동을 했을 때 쓰는 말.

□ 곶감꼬치에서 곶감 빼 먹듯
애써 모아둔 것을 힘들이지 않고 하나하나 갖다 먹어
없앤다는 뜻.

□ 과부는 은이 서말이다
과부는 생활을 알뜰하게 하기 때문에 혼자 살아도 오
히려 잘 지낸다는 말.

□ 과부 사정은 과부가 안다
남의 사정은 같은 처지에 있는 사람이라야 안다는 뜻.

□ 구관이 명관이다

사람은 언제나 지나간 것을 더 좋게 알고 잃은 것을 아까와 한다는 뜻. 어떤 것이나 그 일에 익숙한 사람이 잘하는 법이라는 뜻.

□ 구더기 날까 봐 장 못 담을까

큰 일을 하려면 다소 방해되는 일이 있다고 하더라도 마땅히 할 일은 해야 한다는 말.

□ 구럭에 게 놔 주겠다

조심성이 없어 그릇에 담은 물건을 쏟아지게 한다는 말. 구럭은 새끼로 눈을 드물게 떠서 그물같이 만든 물건. 이것에 게나 조개를 잡아 담는다는 말

□ 구렁이 담 넘어 가듯 한다

일을 하는데 있어 우물 쭈물하면서 어느덧 이루어 놓음을 말함.

□ 구르는 돌에는 이끼가 끼지 않는다
  돌도 일정한 자리에 가만히 있으면 이끼가 앉듯이 사
  람이 활동이 없으면 폐인이 된다는 말.

□ 구멍은 깎을수록 커진다
  잘못된 일을 수습하려면 할수록 더욱 잘못되는 경우를
  말함.

□ 구멍을 보아 말뚝을 깎는다
  형편을 보아가며 그에 알맞도록 일을 꾸미고 준비를
  한다는 뜻.

□ 구복이 원수라
  구복은 한문으로 입과 배를 가리키는 말이다. 이 속담
  은 살아가기 위해 갖은 아니꼬운 일과 어려운 일을 당
  한다는 뜻.

□ 구슬이 서말이라도 꿰어야 보배라
  아무리 좋은 것이라도 좋은 솜씨로 정성을 기울여 쓸
  모 있는 것으로 만들어 놓아야만 가치가 있다는 말.

□ 구시월 세 단풍(細丹風)
  당장 보기는 좋아도 얼마 가지 않아 흉하게 된다는 뜻.

□ 국수 먹은 배
  씀씀이가 헤프다는 뜻.

□ 국수 잘하는 솜씨가 수제비 못하랴
  어려운 것을 할 수 있는 사람이 쉬운 일을 하지 못할리
  가 없다는 말.

□ 군불에 밥 짓기
  준비가 완전히 되어 있는 일은 더욱 하기 쉽다는 뜻.

□ 굳은 땅에 물 고인다
　쓰지 않고 아끼는 사람이 재산을 모은다는 말.

□ 굴러온 호박
　뜻 밖에 좋은 수가 생겼다는 말.

□ 굴뚝 막은 덕석
　더러운 옷이나 물건을 말함, 덕석은 소 몸에 둘러주는
　가마니 같은 것이다.

□ 굵은 베가 옷없는 것보다 낫다
　베는 삼베로서, 삼실·무명실·명주실로 짠 것 등 여
　러가지가 있다. 여기서는 구멍이 숭숭 뚫려 있는 여름
　옷으로서 상제들이 입는 옷 따위를 말할 것이다.
　속담의 뜻은, 아주 없는 것 보다는 나쁜 것이라도 있는
　편이 낫다는 의미이다.

□ 굶기를 밥 먹듯 한다
　자주 굶는다는 뜻.

□ 굶어 보아야 세상을 안다
　먹을 것이 없어 굶주려 보지 않고서는 세상을 참으로
　알았다고 할 수가 없다는 뜻.

□ 굶어 죽기는 정승하기보다 어렵다
　아무리 가난하여도 굶어 죽지는 않는다는 말.

□ 굼벵이도 구르는 재주는 있다
　아무리 미련하고 못난 사람이라도 한가지 재주는 있다
　는 말.

□ 굽은 나무가 선산(先山) 지킨다
　못난듯이 보이는 것이 도리어 나중까지 제 구실을 함

그림의 떡

□ 굿에 간 어미 기다리듯
어떤 일에 희망을 걸고 몹시 기다린다는 뜻.

□ 굿이나 보고 떡이나 먹지
쓸 데 없는 간섭은 하지 말라는 뜻.

□ 굿하고 싶어도 맏며느리 춤추는 꼴 보기 싫어 못 한다
무슨 일을 할 때 미운 사람이 끼어드는 것을 싫어하는 것.

□ 굿해 먹는 집 같다
어떤 일이 있는 뒤 갑자기 조용해진 것을 말한다.

□ 궁서가 고양이 문다
처지가 궁박해진 사람에게는 조심하여 그 이상 괴롭히 지 말라는 뜻.

□ 궁하면 통한다
매우 궁박한 처지에 이르면 도리어 펴낼 도리가 생긴
다는 뜻.

□ 궁한 뒤에 행세를 본다
온갖 고난을 거쳐야 비로소 그 사람의 참다운 가치를
알 수 있다는 말.

□ 귀가 보배다
배운 것은 없으나 들어서 아는 것이 많다는 뜻, 보통
비웃는 뜻으로 말하는 일이 많다.

□ 귀막고 방울 도둑질한다
어떤 옳지 못한 짓을 하고, 그것이 알려질까 봐 제가
제 귀를 막아도 아무 효과가 없다는 뜻.

□ 귀머거리 삼년 벙어리 삼년이라
여자가 처음 시집을 가서 시집살이 하기가 매우 어렵
다는 말.

□ 귀먹은 중 마 캐듯
남이 무슨 말을 하던 못들은 척하고 자기 하던 일만 묵
묵히 하는 것.

□ 귀신도 빌면 듣는다
귀신도 빌면 듣는데 사람이 자기에게 비는 자를 용서
못하겠느냐는 말. 관용을 가지라는 뜻.

□ 귀신 듣는데 떡소리 한다
남 앞에서 그 사람이 좋아하는 말을 한다는 뜻. 입이
가벼우면 안 된다는 것을 타이르는 말이다.

□ 귀신이 곡한다

너무도 기가 막히게 신기하고 기묘한 것을 이르는 말.

□ 귀에 걸면 귀걸이 코에 걸면 코걸이
두가지 뜻이 있다. 하나는, 정해진 것이 없고 아무렇게
나 둘러댈 수 있다 는 말.
또 하나는, 어떤 일이나 물건이 두 쪽에 관계되어 딱
잘라 한 쪽으로 결정짓기 어렵다는 뜻.

□ 귀한 그릇 쉬 깨진다
귀하게 태어난 사람이나 재주가 비상한 사람이 일찍
죽게 됨을 이르는 말.

□ 귀한 자식 매로 키워라
귀한 자식일수록 잘 기르려면 매를 때려서라도 버릇을
잘 가르쳐야 한다는 말.

□ 귓볼만 만진다
무슨 일을 그 이상 어떻게 해볼 도리가 없어 운명만 기
다린다는 뜻.

□ 그림의 떡
보기는 하여도 먹을 수 없고 가질 수 없어 실속이 없으
니 차라리 보지 않은 것만 못하다는 뜻.

□ 그물에 든 고기
어쩔 수 없는 몸이 되어 곧 죽을 처지에 놓여 있을 때
를 비유한 말.

□ 글 속에도 글 있고 말 속에도 말있다
내용에 또 그 속내용이 들어있다는 뜻.

□ 글에 미친 송 생원
다른 일을 돌보지 않고 다만 글읽기에 열중하는 사람

까마귀 날자 배 떨어진다

□ 긁어 부스름

필요없는 짓을 하여 자기 스스로 재화를 끌어 들인다
는 말.

□ 금강산도 식후경이라

아무리 좋은 일, 즐거운 일이 있더라도 배가 부른 뒤에
라야 좋은 줄 알 수 있다는 말.

□ 금이야 옥이야

무엇을 다루는데 매우 아끼고 애지중지 한다는 뜻.

□ 급하기는 우물에 가서 숭늉 달래겠다

급한 것만 생각하고 모든 일에는 질서가 있다는 것을
모른다는 뜻 보통 너무 성급한 사람을 말한다.

□ 급하다고 갓 쓰고 똥을 싸랴

아무리 급한 일이라도 일의 순서를 따라서 한다는 뜻.

□ 급하면·콩마당에 간수 차겠다

아주 성급한 사람을 말함. 간수는 소금이 되기 직전의
물로서 두부를 만들 때 쓰는 것이다.

□ 급히 먹는 밥이 목에 매인다.

너무 서둘러 급히 일을 하면 일을 그르치기 쉽고 실패
한다는 뜻.

□ 급히 더운 방이 쉬 식는다

급히 이루어 놓은 것은 영속성이 없다는 뜻.

□ 기는 놈 위에 나는 놈 있다

아무리 재주가 있다고 해도 그 위에는 더 나은 사람이
있고, 또 그보다 높은 사람이 있으니 너무 자랑하지 말
라는 뜻.

□ 기지도 못하는 게 날려고 한다

자기 실력으로는 도저히 이룩할 수 없는 사람이 턱없
이 어려운 일을 하려고 하는 것을 비웃는 말.

□ 기둥을 치면 대들보가 울린다

간접적으로 상대방에게 알아 듣도록 말하는 것을 이
름.

□ 기생 오래비 같다

반들반들하게 모양을 내고 다니는 남자를 놀리는 말.

□ 기와 한장 아끼다가 대들보 썩힌다

조그만 것을 아끼다가 오히려 큰 손해를 본다는 뜻.

□ 기운이 세면 소가 왕노릇 할까

지략 없이는 지도적 위치에 설 수 없다는 뜻.

□ 긴 병에 효자 없다

무슨 일이든지 너무 오래도록 시간이 걸리면 그 일에
대한 성의가 적어진다는 뜻.

□ 길고 짧은 것은 대어 보아야 안다
　잘하고 잘못하는 것은 겨룸을 해 봐야 안다는 뜻.

□ 길로 가라 하니까 산으로 간다
　남의 시키는 일이나 웃사람의 분부를 어기는 것.

□ 길 아래 돌부처도 돌아 앉는다
　부처님 같이 착한 사람도 못마땅하면 노한다는 뜻.

□ 길이 아니면 가지말고 말이 아니면 탓하지 말라
　사리에 어긋난 말에는 상관도 하지 말라는 뜻.

□ 김칫국부터 마신다
　상대편의 속과 마음을 짐작하지도 못하고 자기 짐작대
로 되리라하여 행동하는 것을 말함.

□ 까기 전에 병아리 세지 마라
　무슨 일이든지 이루어 지기 전에는 그 이익을 셈한다
든지 그것으로 다른 일의 예산을 세우지 말라는 뜻.

□ 까마귀 고기를 먹었나
　모든 일을 잘 잊어버리는 사람을 조롱하는 말.

□ 까마귀 날자 배 떨어진다
　아무런 관계도 없이 한 일이 공교롭게도 어떤 다른 일
과 때를 같이하여 둘 사이에 무슨 관계라도 있듯이 혐
의를 받게 되는 것을 말함.

□ 까마귀는 검어도 속은 희다
　외모는 잘 생기지 못하였으나 마음씨는 좋다는 말.

꿩먹고 알 먹는다

□ 꼬리가 길면 밟힌다

　　나쁜 일을 오래 두고 하면 끝내는 들키고야 만다는 뜻.

□ 꼬리 먼저 친 개가 밥은 나중 먹는다

　　무슨 일에나 남보다 먼저 서두르고 나서면 도리어 남
보다 뒤떨어지는 수가 있음을 이르는 말.

□ 꼭 뒤에 붙은 말이 발 뒤꿈치로 내린다

　　그 사람의 옳지못한 행동은 아랫사람에게 영향을 미친
다는 뜻.

□ 꿀을 베어 신을 삼겠다

　　무슨 일을 해서라도 자기가 남에게 입은 은혜는 잊지
않고 갚겠다는 뜻으로 하는 말.

□ 꽁무니를 뺀다

　　자기 책임을 피하기 위하여 어떤 자리에서 소리 없이
빠져 나옴을 두고 하는 말.

□ 꽁지 빠진 새 같다

그 모습이 추레하고 우습게 초라하다는 말.

□ 꽃이 좋아야 나비가 모인다
가지고 있는 상품이 좋아야 손님이 많다는 뜻.

□ 꾸어다 놓은 보릿자루
여러 사람이 모여 웃고 이야기를 하는데 혼자 앉아 서
로 어울리지 못하는 사람을 이르는 말.

□ 꿀도 약이라면 쓰다
자기에게 이로우라고 타이르는 말을 싫어한다는 뜻.

□ 꿀 먹은 벙어리
어떤 일에 대하여 아무 말 없는 사람을 두고 하는 말.

□ 꿈에 본 돈이다
아무리 좋아도 손에 넣을 수 없다는 것.

□ 꿈 보다 해봉이 낫다
좋고 나쁜 것은 풀이 하기에 따라 얼마든지 좋아 질 수
있다는 말.

□ 꿩 대신 닭
자기가 쓰려고 하는 것이 없으면 그와 비슷한 것으로
대신 쓸 수도 있다는 말.

□ 꿩 먹고 알 먹는다
한꺼번에 여러가지의 이익을 볼 때 하는 말.

□ 꿩 잡는 것이 매다
꿩을 잡지 못하면 매라고 할 수 없음과 같이 실제로 제
구실을 해야 명실 상부하다는 말.

나

나중난 뿔이 우뚝하다

□ 나가는 계집이 세간 사랴

이제 일이 다 틀려 뒷일을 돌아다 볼 일이 없다는 뜻.

□ 나간 놈의 몫은 있어도 자는 놈의 몫은 없다

게으른 사람에게는 혜택이 돌아가지 않는다는 뜻.

□ 나갔던 며느리 효도 한다

처음에 좋지 않게 여겨지던 사람이 뜻밖에 잘 할 때 쓰는 말.

□ 나갔던 파리 웽웽거린다

집에 들어와서 큰소리 치는 사람을 비웃는 말.
이런 사람일수록 밖에 나가서는 오히려 할 말도 못한다.

□ 나를 칭찬하는 자는 나의 적이다

자기를 칭찬하는 사람을 오히려 조심하라는 뜻.

□ 나 먹자니 싫고 개 주자니 아깝다
  욕심많은 사람을 가리키는 말.

□ 나무는 큰 나무 덕을 못 봐도 사람은 큰 사람의 덕을 본다
  남의 혜택을 받아 일에 성공했을때 쓰는 말.

□ 나무도 쓸만한 건 먼저 베인다
  쓸만한 사람이 일찍 죽는 것을 비유한 말.

□ 나무에 오르라 하고 흔드는 격
  남을 위험한 상태나 불행한 일에 빠뜨리는 것

□ 나무에 잘 오르는 놈이 떨어지고 헤엄 잘 치는 놈이 빠져 죽는다
  사람은 흔히 자기가 가지고 있는 재주 때문에 실수하게 된다는 말.

□ 나무 접시 놋 접시 될까
  도저히 좋게 될 수 없는 물건이나 사람.

□ 나 부를 노래를 사돈집에서 부른다
  내가 할 말을 딴 사람이 한다는 것.

□ 난봉 자식이 마음 잡아야 사흘이다
  본성이 그른 사람은 마음을 바로 잡아도 오래가지 못한다는 뜻.

□ 나쁜 소문은 빨리 퍼진다
  남을 칭찬하는 말보다 헐뜯고 나쁜 말을 더 많이 하게 됨으로 이르는 말.

□ 나이 젊은 딸이 먼저 시집 간다

시집을 가는 데는 나이 적은 사람이 **유리하고, 나이 젊**
은 사람이 사회에 잘 쓰인다는 말.

□ 난장이 교자군 참여하듯
자기 분수에 넘는 일을 주제 넘게 참견하는 것,
교자군이란, 가마를 메는 사람을 말한다.

□ 나중 난 뿔이 우뚝하다
후배가 선배보다 나을 때 쓰는 말.

□ 나중 보자는 사람 무섭지 않다
나중에 어떻게 하겠다고 미리 말하는 것은 아무 소용
이 없다는 뜻.

□ 나중에야 삼수 갑산을 갈지라도
일의 결과를 제일 나쁘게 당할지라도 우선은 **해 본다**
는 뜻.

□ 날면 기는 것이 능하지 못하다
여러가지 뛰어난 재주를 겸할 수 없다는 말.

□ 날 샌 올빼미 신세
외롭고 누구하나 도와주는 이가 없는 사람을 말함.

□ 남 떡먹는데 고물 떨어지는 걱정한다
쓸데없는 걱정을 하는 것.

□ 남산골 샌님
가난하면서 자존심이 강한 선비를 말함.

□ 날으는 새도 떨어뜨린다
권세가 세고 늠름하여 모든 일을 자기 **뜻대로 휘둘러**
한다는 뜻

□ 남을 물에 넣으려면 제가 먼저 물에 들어간다
　　남을 해치려고 모함하면 제가 먼저 그같은 어려움을
　　당하게 된다는 말.

□ 남이 친 장단에 엉덩이 춤춘다
　　줏대없이 굴거나 관계없는 남의 일에 덩달아 나서는
　　것.

□ 남의 고기 한점 먹고 내고기 열점 준다
　　남의 것으로 적은 이익을 얻고 나중에 큰 손해를 본다
　　는 말.

□ 남의 눈에 눈물 나게하면 제 눈에서는 피눈물 난
다
　　남에게 모질고 악한 짓을 하면 자기는 반드시 그보다
　　더한 죄를 받는다는 말.

□ 남의 다리 긁는다
　　자기를 위하여 한 일이 뜻밖에도 남의 이익만을 도모
　　하게 되었을 때 쓰는 말.

□ 남의 돈 천냥이 내돈 한푼만 못하다
　　아무리 적고 보잘 것 없는 것이라도 자기가 가지고 있
　　는 것이 낫다는 말.

□ 남의 등 쳐 먹는다
　　남을 위협해서 재물을 빼앗아 가지는 것을 말함.

□ 남의 말이라면 쌍지팡이 짚고 나선다
　　남에게 시비를 잘 걸고 나서는 사람을 말함.

□ 남의 말 하기는 식은 죽 먹기

남의 잘못을 끄집어내어 말하기는 매우 쉽다는 말.

□ 남의 밥에 든 콩이 굵어 보인다
자기가 가진 것보다는 남이 가진 것이 더 좋아 보인다는 말.

□ 남의 사돈이야 가거나 말거나
자기에게 아무런 관계가 없어 상관할 필요가 없다는 것.

□ 남의 속에 있는 글도 배운다
무엇이나 남이 하는 것을 보면 그대로 따라 할 수 있다는 말.

□ 남의 싸움에 칼 빼기
자기와는 아무런 .관계도 없는 일에 공연히 뛰어 들어 참견 한다는 뜻.

□ 남의 염병이 내 고뿔만 못하다
남의 처지를 이해하지 못하고 자기 본위로만 행동하는 사람을 말함.

□ 남의 자식 흉보지 말고 내 자식 가르쳐라
남을 흉보기 전에 그것을 거울삼아 자기편의 잘못을 반성하고 고치라는 말.

□ 남의 잔치에 감 놓아라 배 놓아라 한다
자기와는 상관도 없는 일에 공연히 간섭하고 참견하지 말라는 뜻.

□ 남의 짐이 가벼워 보인다
남의 고통이 더욱 큰 것일지라도 자기가 당하고 있는 괴로움이 자기에게는 크고 심하게 느껴진다는 뜻.

노루가 제 방귀에 놀라듯

□ 남의 집 금 송아지가 우리집 송아지만 못하다
　남의 것이 아무리 좋다고 해도 자기에게는 소용이 없
고 나쁜 것일지라도 제 것이라야 실속이 있다는 말.

□ 남의 집 제사에 절 하기
　상관 없는 남의 일에 참여하여 헛수고만 한다는 뜻

□ 남의 흉 한 가지면 자기 흉은 열 가지
　제 잘못은 생각하지 않고 남의 흉만 본다는 말.

□ 남이야 전봇대로 이를 쑤시건 말건
　남의 일에 상관할 것 없다는 말.

□ 낫 놓고 기역자도 모른다
　아주 무식하다는 말.

□ 낮 도깨비 같다
　체면도 없이 난잡하게 구는 사람을 비유해서 하는 말.

□ 낮 말은 새가 듣고 밤 말은 쥐가 듣는다
　아무리 안듣는 데서라도 말을 조심하여야 한다는 뜻.
아무리 비밀리 한 말도 반드시 남의 귀에 들어가게 된
다는 뜻.

□ 낯 가죽이 두껍다
　무슨 일에나 염치가 없고 뻔뻔스러워 부끄러운 줄을
모르는 사람을 말함.

□ 내 돈 서푼은 알고 남의 돈 칠푼은 모른다
　자기것만 소중히 알고 남의 것은 대수롭지 않게 여긴
다는 뜻.

□ 내 딸이 고와야 사위를 고른다

저는 잘못하고 미련하면서 완전하고 좋은 것만 골라
가지려는 것을 비웃는 말.

□ 내 말은 남이 하고 남 말은 내가 한다
사람은 누구나 자기 일보다 남의 일 말하기를 좋아한
다는 뜻.

□ 내 몸이 높아지면 아래를 살펴야 한다
남의 윗자리에 있는 사람은 언제나 아랫 사람들을 조
심해야 한다는 말.

□ 내 물건이 좋아야 값을 받는다
자기의 지킬 도리를 먼저 지켜야 남에게 대우를 받는
다는 뜻.

□ 내 밑 들어 남 보이기
자기 스스로 자기의 모자란 점과 약점을 드러내는 것.

□ 내 발등의 불을 꺼야 아비 발등의 불을 끈다
급할 때는 남의 일보다 자기 일을 먼저 하기 마련이라
는 뜻.

□ 내 밥 준 개 내 발등 문다
자기에게 도움을 받은 사람이 후에 도리어 자기를 해
롭게 하고 괴롭힌다는 뜻.

□ 내 배 부르면 종의 밥 짓지 말라 한다
자기만 알고 남에게는 조금도 이해나 동정이 없다는
말.

□ 내 칼도 남의 칼집에 들어가면 찾기 어렵다
자기의 물건이라도 남의 손에 들어가면 다시 찾기가
어렵다는 뜻.

□ 내 코가 석자
  내 사정이 급해서 남을 돌 볼 여유가 없다는 말.

□ 내 할 말을 사돈이 한다
  자기가 하고 싶은 말을 남이 불쑥 나서서 한다는 뜻.

□ 냉수 먹고 된똥 눈다
  실속있는 일을 만들어 내는 것. 손에 가진 것이 없어도
  어떤 결과를 얻어냄을 말한다.

□ 냉수 먹고 속 차려라
  정신을 차리라는 뜻으로 하는 말.

□ 냉수 먹고 이 쑤시기
  실속은 아무 것도 없으면서 겉으로 있는 체 필요없는
  짓을 한다는 말.

□ 냉수에 뼈뜯이
  싱겁고 멋없는 사람을 가리키는 말.

□ 넋이야 신이야 한다
  잔뜩 별렀던 일을 물 퍼붓듯 말하는 것.

□ 네 쇠뿔이 아니면 내 담 무너지랴
  다른 사람 때문에 자기가 손해를 입었을 때 쓰는 말.

□ 네 떡 내 먹었나
  자기가 하고서 모른 척 한다는 것.

□ 네 뱃병이 아니면 무슨 병이냐
  자기가 서지른 잘못을 딴 데로 돌리는 핑계를 비유하
  는 말.

□ 네 콩이 크니 내 콩이 크니 한다

낮 말은 새가 듣고 밤 말은 쥐가 듣는다

서로 비슷한 것을 가지고 제 것이 좋다고 다투는 것을
비웃는 말.

□ **노는 입에 염불 하기**
　하는 일 없이 그저 노는 것보다는 무엇이든 하는 것이
　낫다는 말.

□ **노루가 제 방귀에 놀라듯**
　침착하지 못하고 놀라기를 잘하는 겁많은 사람을 비웃
　는 말.

□ **노루 꼬리가 길면 얼마나 길까**
　보잘 것 없는 재주를 너무 믿는 사람을 핀잔하는 말.

□ **노루를 피하니 범이 나온다**
　일이 점점 험하고 어려워 질 때를 말함.

□ **노루잡는 사람에게 토끼가 보이나**

큰 것을 바라는 사람에게는 작은 일이 눈에 뜨지 않는
다는 뜻

□ 노송나무 밑이다
마음이 음흉하고 우중충한 사람을 말함.

□ 노적가리에 불지르고 싸라기 주워 먹는다
큰 것을 잃고 적은 것을 아끼는 사람을 말함.

□ 노처녀더러 시집가라 한다
물어 보나마나 좋아할 것을 공연히 묻는다는 말.

□ 논 이기듯 신 이기듯 한다
한 말을 자꾸 되풀이하여 잘 알아듣도록 한다는 것.

□ 놀부 심사라
심술이 궂고 마음이 사나와 남이 잘못 되기를 바라는
사람을 말함.

□ 농사꾼이 죽어도 종자는 베고 죽는다
자기 몸이 죽으면 종자도 농사도 아무 소용이 없는 줄
모르고 굶어 죽으면서도 씨는 먹지 않고 남겼다 함이
니 어리석고 답답하게 인색하기만 한 사람을 말함.

□ 놓친 고기가 더 크다
사람은 대개 잃어버린 것을 애석하게 여기고 지금 가
지고 있는 것보다 먼저 것이 더 좋았다고 생각한다는
뜻.

□ 누이 좋고 매부 좋고
쌍방이 다 좋다는 뜻. 일이 원만하게 해결되는 것.

□ 누운 소 똥누듯 한다

무슨 일을 아무런 힘도 들이지 않고 **쉽게 해내는 것.**

□ **누울 자리 봐 가며 발 뻗는다**
다가올 결과를 생각해 가면서 모든 것을 미리 **살피고**
일을 시작해야 한다는 뜻.

□ **누워서 떡 먹기**
하기가 매우 쉽다는 뜻.

□ **누워서 떡을 먹으면 팥고물이 눈에 들어간다**
몸을 너무 편하게 하면 자기에게 오히려 해롭다는 말.

□ **누어서 침 뱉기**
남을 해치려다가 도리어 자기가 해를 입게 된다는 말.

□ **누이 믿고 장가 안 간다**
남은 생각도 않은 일을 자기 혼자 마음으로 믿고 있는
어리석음을 말함.

□ **눈 가리고 아웅 한다**
결코 넘어가지 않을 얕은 수로 남을 속이려 한다는 말.

□ **눈 감으면 코 베어 갈 세상**
세상 인심이 험악하고 무섭다는 말.

□ **눈 뜨고 도둑 맞는다**
번연히 알면서도 손해를 본다는 뜻.

□ **눈 먹든 토끼 얼음 먹든 토끼가 다 각각**
사람은 자기가 겪어온 환경이나 배움에 따라 그 능력
이 각각 다르다는 뜻.

□ **눈먼 고양이 갈밭 매듯**
외롭게 떠돌아다니는 것.

□ 눈 먼 고양이 달걀 어루듯

얼마 안되는 물건을 너무 아껴서 차마 써버리지 못함
을 보고 비유한 말.

□ 눈먼 말 워낭 소리에 따라간다

무식한 사람이 유식한 사람의 말을 그대로 좇는다는
뜻. 줏대가 없으면 곤란하다.

□ 눈먼 자식이 효자 노릇한다

생각지도 않은 사람이 도리어 도와주어 힘을 얻게 된
다는 뜻,

□ 눈 밖에 났다

신임을 잃었다는 말.

□ 눈물이 골짝난다

몹시 억울하거나 야속하다는 뜻

□ 눈 어둡다 하더니 다홍 고추만 잘 딴다

남이 도움을 청할 때 핑계만 잘 데고 자기 일을 열심히
한다는 뜻인데, 음흉한 사람을 말함.

□ 눈 요기

눈으로 보기만 하고 얻지 못하는 것을 말함.

□ 눈에 가시

몹시 미워하고 보기 싫은 사람을 말함.

□ 눈은 있어도 망울이 없다

세상 일의 옳고 그름을 판단할 줄 모른다는 뜻.

□ 눈은 풍년이나 입은 흉년이라

눈에 보이는 것은 많아도 제가 먹을 것은 없다는 뜻.

누워서 떡 먹기

□ 눈을 떠야 별을 보지

어떤 결과를 얻으려면 실제로 그에 상당한 일을 순서대로 해야 된다는 말.

□ 눈치가 빠르면 절에 가도 새우젓 얻어 먹는다

사람은 어떤 경우일지라도 눈치만 빠르면 궁색한 일이 없이 지낸다는 말.

□ 느린 소도 성낼 적이 있다

순한 사람도 참는 정도가 지나치면 성낼 때가 있다는 말.

□ 늙으면 아이 된다

늙으면 말과 행동이 어린 아이와 같이 된다는 말.

□ 늙은 말 콩 더 달란다고

사람의 욕심은 늙어갈수록 더 많아진다는 뜻.

□ 늙은이도 세살 먹은 어린 아이 말을 귀담아 들어라

지혜와 식견은 나이에 따라 정해지는 것이 아니라는 말.

□ 능참봉을 하니까 거동이 한 달에 스물 아홉번이라

생기는 것은 별로 없는데 바쁘기만 하다는 것.
능참봉은 양반집의 아들로서 과거에 낙방하여 벼슬하지 못한 사람을, 나라에서 특별히 능이나 지키며 그것을 관리하도록 벼슬을 준 것이다. 그러니까 이 벼슬은 어떤 승진의 희망이 있는 것도 아니고 요즘 말로 별 볼 일이 없는 것이다. 그러나 직책은 매우 중요한 것이기 때문에 하는 일이 많았다.

□ 늦게 배운 도둑이 날 새는 줄 모른다

나이가 들어서 시작한 일에 몹시 골똘한 사람을 두고 하는 말.

□ 늦모내기에 죽은 중도 꿈적거린다

오래 가물었다가 늦게 모를 내게 될 때에는 그야말로 시간을 다투는 바쁜 일이다. 그것을 비유한 것인데 몹시 바쁠 때에는 누구나 움직여야 한다는 뜻.

□ 늦바람이 용마를 벗긴다

젊은 시절에는 모르다가 나이가 들어서 한번 바람이 나면 걷잡을 수 없다는 말.

단단한 땅에 물이 고인다

□ **다 된 죽에 코 떨어뜨렸다**
　다 잘 된 일에 실수를 하여 그르쳐 놓았다는 말.

□ **다 된 죽에 코 풀기**
　잘 되어 가는 일을 망쳐 버리려는 졸렬한 행동을 말함.

□ **다람쥐 체바퀴 돌듯**
　노력을 하여도 진보와 발전이 없음을 말함.

□ **다리 아래서 원을 꾸짖는다**
　직접 말을 못하고 안들리는 곳에서 불평이나 욕을 하는 것.

□ **다시 긷지 아니 한다고 이 우물에 똥을 눌까**
　자기의 지위나 신분이 높아졌다고 전의 것을 다시 보지 않을 것처럼 괄시해서는 안 된다는 뜻.

□ **단단한 땅에 물이 고인다**

아끼고 쓰지 않는 사람에게 돈이 모인다는 뜻.

□ 단 솥에 물 붓기
형편이 이미 기울어서 아무리 도와 주어도 보람이 없
을 때 쓰는 말.

□ 닫는데 발 내민다
어떠한 일에 열중하고 있는데 남이 중간에서 그 일을
방해하는 것.

□ 달걀 노란자
어떤 사물에 있어 가장 중요한 부분을 일컫는 말.

□ 달걀도 굴러가다 서는 모 있다
어떤 일이라도 끝날 때가 있다는 말.

□ 달걀로 바위 치기(달걀로 백운대 치기)
맞서서 도저히 이기지 못한다는 뜻.

□ 달걀 지고 성 밑으로 못가겠다
너무 자질구레한 일에 신경을 쓰는 것.

□ 달고 치는데 안 맞는 장사가 있나
아무리 강한 사람이라도 여러 사람에게는 당할 수 없
다는 뜻. 자기 혼자만의 힘을 자랑하지 말라는 말.

□ 달기는 엿집 할머니의 손가락이라
어떤 일에 너무 빠져 함부로 덤빈다는 뜻.

□ 달도 차면 기운다
행운과 순경도 오랫 동안 계속되는 것이 아니라는 뜻.

□ 달면 삼키고 쓰면 뱉는다

신의나 지조를 생각하지 않고 자기에게 이로우면 가깝
게 사귀고 필요하지 않으면 배척한다는 말.

□ 달 보고 개 짖기
쓸데 없는 짓을 두고 이르는 말

□ 닭 소 보듯 소 닭 보듯
서로 마주 보면서도 모르는 척한다는 말.

□ 달아나는 노루 쫓다 다 잡은 토끼를 놓쳤다
큰 것을 바라다가 자기 손에 있는 것까지 잃는다는 말.

□ 달아나면 이밥 준다
달아나는게 제일이라는 뜻. 세상의 어떤 일은 일단 피
했다가 다시 하는 것이 좋을 때도 있다.

□ 닭이 천이면 봉이 한 마리
사람이 많으면 그 중에는 뛰어난 사람이 있다는 말.

□ 닭 잡아 겪을 나그네 소 잡아 겪는다
처음에 소홀히 함으로써 결과가 매우 어렵게 된 경우
를 말함.

□ 닭 잡아 먹고 오리 발 내민다
자기가 저지른 나쁜 일이 드러나게 될 때 어떤 수단을
써서 남을 속이려 한다는 말.

□ 닭 쫓던 개 지붕만 쳐다 본다
하려고 애쓰던 일이 실패로 돌아가거나 같이 애를 쓰
다가 남에게 뒤떨어져 어찌할 도리가 없어 민망할 때
이르는 말.

□ 담배씨로 뒤웅박 판다

닭 쫓던 개 지붕 쳐다본다

잔소리를 심하게 하고 미주알 고주알 캐는 사람을 이
름.

□ 담벼락하고 말하는 셈이다
알아듣지 못하는 사람에게는 아무리 말해도 소용이 없
다는 뜻.

□ 닷 돈 보고 보리밭에 갔다가 명주 속옷 찢었다
작은 이익을 얻으려다가 도리어 큰 손해를 보았다는
뜻

□ 닷 돈 추렴에 두 돈 오푼을 내었다
어떤 자리에서 괄시를 받았을 때 쓰는 말.

□ 당나귀 귀 치레
쓸데없는 데에 어울리지 않도록 장식하고 꾸미는것.

□ 당장 먹기엔 곶감이 달다
당장 먹기 좋고 하기 좋은 것은 그때뿐이지 참으로 좋
고 이로운 것이 못 된다는 뜻.

□ 대가리를 잡다가 꽁지를 잡았다
큰 것을 바라다가 겨우 조그마한 이익 밖에 보지 못했
다는 말.

□ 대를 살리고 소를 죽인다
어쩔 수 없을 때에는 큰 일을 살리기 위해 작은 일을
희생시킨다는 뜻.

□ 대가리 삶으면 귀까지 익는다
여러가지 중에서 제일 중요한 것만 처리하면 다른 것
은 자연히 해결된다는 뜻. 또는 우두머리를 잡으면 밑
의 졸개들은 힘 안들이고 잡아낼 수 있다는 뜻.

□ 대 끝에서도 삼년이라
어려운 일을 당해서 참고 견디는 것.

□ 대신 댁 송아지 백정 무서운 줄 모른다
남의 권력만 믿고 마치 자기 아닌 사람은 사람이 아닌
듯 거만하게 행동하는 자를 가리켜하는 말.

□ 대장장이 집에 식칼이 논다
마땅히 있어야 할 곳에 오히려 없는 경우가 많다는 말.

□ 대천 바다도 건너 봐야 안다
무엇이나 바로 알려면 실제로 겪어 봐야 한다는 뜻.

□ 대추 나무에 연 걸리듯
여러 곳에 빚을 많이 졌을 때 비유한 말.

□ 대추씨 같다
키는 작지만 성질이 야무지고 단단하여 빈틈이 없는
사람이라는 뜻.

□ 더러운 처와 악한 첩이 빈 방보다 낫다
처가 아무리 나쁘더라도 밤에는 없는 것보다 있는 것
이 낫다는 말.

□ 더운 죽에 혀대기
이럴수도 저럴수도 없게 꽉 막힌 때를 말함.

□ 더위 먹은 소 달만 보아도 헐떡인다
자라보고 놀란 가슴 솥뚜껑 보고 놀란다는 속담과 같
은 뜻이다 즉, 어떤 일에 한번 놀란 사람은 비슷한 일
만 보아도 겁을 먹는다는 뜻

□ 덜미에 사자밥을 짊어졌다

도둑을 맞으려면 개도 안 짖는다

죽느냐 사느냐 하는 큰 위험에 부딪쳤다는 뜻.

□ 도끼 자루 썩는 줄 모른다
시간 가는 줄을 모른다는 뜻.

□ 도둑고양이 더러 제물 지켜 달란다
소중한 물건을 염치도 예의도 없는 믿을 수 없는 사람
에게 그것을 봐달라고 하면 도리어 그것을 잃게 될 뿐
이라는 뜻.

□ 도가집 강아지 같다
사람을 많이 겪어 눈치가 아주 빠르다는 뜻.

□ 도감 포수의 오줌 짐작이라
분명치 않은 일을 짐작으로만 믿고 한다는 말인데 실
패하기 쉽다는 뜻이다.

□ 도둑놈 문 열어 준 셈
나쁜 사람에게 나쁜 일을 할 기회를 주어 해를 입게 되
는 경우를 말함.

□ 도둑이 매를 든다
잘못한 사람이 오히려 옳은 사람을 꾸짖는다는 말.

□ 도둑놈이 제 발자국에 놀란다
나쁜짓을 하면 양심의 가책을 느껴 조심하는 것이 도
리어 제 죄를 폭로하는 결과가 된다는 말.

□ 도둑의 묘에 잔 부어놓기
일을 그릇되게 한다는 말.

□ 도둑 맞고 사립문 고친다
이미 일을 그르친 뒤에는 뉘우쳐도 소용이 없다는 말.

□ 도둑질도 손이 맞아야 한다
모든 일에는 서로 손이 맞아야 성공할 수가 있다는 뜻.

□ 도둑을 맞으려면 개도 안 짖는다
운수가 나빠 일이 잘 안 되려면 모든 것이 제대로 안
된다는 말.

□ 도둑의 때는 벗어도 자식의 때는 못 벗는다
자식의 잘못은 부모가 어쩔 수 없이 책임을 져야 한다
는 말.

□ 도둑의 때는 벗어도 화냥의 때는 못 벗는다
품행을 삼가 하라는 말. 도둑의 누명은 확실한 증거만
있으면 밝혀질 수 있으나 여자가 품행이 나쁜 것은 밝
힐 도리가 없다는 말.

□ 도둑이 제 발 저리다
　죄지은 자가 그것이 알려질까 두려워한 끝에 알지 못
하는 가운데 그것을 나타내고야 만다는 뜻.

□ 도둑질 한 사람은 오그리고 자고 도둑 맞든 사람
은 펴고 잔다
　다른 사람에게 나쁜짓을 하면 아무래도 마음이 불안하
여 괴롭다는 말.

□ 도둑을 앞으로 잡지 뒤로 잡나
　정확한 증거없이는 남에게 도둑의 혐의를 씌우지 못한
다는 뜻.

□ 도랑 치고 가재 잡는다
　한가지 일을 하고 두가지 효과를 얻는다는 뜻.

□ 도랑에 든 소
　이쪽 저쪽에서 이익을 얻거나 먹을 것이 풍부하다는
말.

□ 도래떡이 안팎 없다
　두루 뭉수리로 되어서 구별하여 판단을 내릴 수 없다
는 말.

□ 도련님은 당나귀가 제격이다
　무엇이든지 신분에 따라 물건을 써야 격에 맞는다는
뜻.

□ 도루아미 타불이라
　애써 한 일이 헛수고가 되고 말았다는 뜻.

□ 도마 위에 고기가 칼을 무서워 하랴
　이미 죽게 된 처지에 무엇이 무섭겠느냐는 뜻.

도루아미 타불이라

□ **도망군의 봇짐**
크고 어수선하게 싼 짐을 가리키는 말.

□ **독 안에 든 쥐**
아무리 애를 쓰고 노력하여도 벗어나지 못하고 꼼짝할
수 없는 처지에 이르렀음을 말함.

□ **돈만 있으면 귀신도 부릴 수 있다**
돈만 있으면 세상에 못할 일이 없다는 말.

□ **돈만 있으면 개도 멍첨지라**
아무리 천한 사람이라도 돈이 있으면 남들이 높이 대
하여 준다는 말.

□ **돈 모아 줄 생각 말고 자식 글 가르쳐라**
자식을 위하는 가장 좋은 유산은 가르쳐야 한다는 말.

□ **돈반 상 먹고 열매 잎으로 사정한다**

남에게 줄 것은 조금이라도 덜 주려고 치사하게 하는
행동을 말함.

□ 독사 아감지에 손가락을 넣는다
몹시 위험한 짓을 한다는 말.

□ 독서당 개가 맹자왈 한다
어리석은 사람도 늘 보고 들으면 어떤 일이든지 해낼
수 있다는 뜻.

□ 돈에 침 뱉는 놈 없다
사람은 누구나 돈을 중히 여긴다는 말.

□ 돈이 돈을 번다
돈이 많아야 이익을 많이 남길 수 있기 때문에 하는
말.

□ 돈이 많으면 장사를 잘 하고 소매가 길면 춤을 잘 춘다
밑천이 많아야 좋은 결과를 얻을 수 있다는 말.

□ 돈이 장사라
돈의 힘이 장사와 같다는 뜻인데, 재력이 있으면 만가
지 일이라도 모두 이룩할 수 있다는 것.

□ 돈이 제갈량
돈만 있으면 못난 사람도 제갈량과 같이 될 수 있음과
같이 돈만 있으면 무엇이든 다 할 수 있다는 뜻.

□ 돈 한푼을 쥐면 손에서 땀이 난다
지독한 구두쇠를 가리키는 말.

□ 돌 다리도 두들겨 보고 건너라

비록 잘 알아서 틀림이 없는 일이라도 조심하라는 말.

□ 돌로 치면 돌로 치고 떡으로 치면 떡으로 친다
욕은 욕으로 은혜는 은혜로 갚는다는 뜻.

□ 돌부리를 차면 발가락만 아프다
쓸 데 없이 화를 내면 자기만 해롭다는 말.

□ 동냥은 아니 주고 쪽박만 깬다
요구하는 것은 주지 않고 도리어 방해만 논다는 말.

□ 동네 북
여러 사람이 한사람을 놀릴 때 쓰는 말.

□ 동네 송아지는 커도 송아지다
눈 앞에 두고 늘 보는 것은 그것이 크고 뚜렷해져도 잘 알 수가 없다는 말.

□ 동에 번쩍 서에 번쩍
종적을 걷잡을 수 없이 왔다 갔다 함을 말함.

□ 동풍 닷 냥이다
돈을 낭비하는 것을 비유하는 말.

□ 돼지가 갓을 물어 들이면 비가 온다
미련하고 둔한 사람의 말이 어쩌다가 들어 맞았을 때 하는 말.

□ 돼지에 진주
이 말은 서양에도 있는 격언이며, 분수에 어울리지 않는 물건을 가졌음을 말한다.

□ 돼지띠는 잘 산다

돼지 띠에 태어난 사람은 흔히 잘 산다 하여 이르는
말.

□ **돼지 왼 발톱**
평소의 행동과 어긋나는 짓을 했거나 다른 사람들과
틀린 행동을 했을 때 쓰는 비유

□ **되 글을 가지고 말 글로 써 먹는다**
글을 배운 것은 적으나 가장 효과적으로 써 먹는다는
말.

□ **되는 집에는 가시나무에 수박이 열린다**
잘 되는 집에는 매사가 마음 먹은대로 잘 된다는 것.

□ **되로 주고 말로 받는다**
조금 주고 그 댓가로 몇 갑절이나 더 받는다는 말.

□ **되면 더 되고 싶다**
되면 될수록 부족하게 여겨지고 더 잘 되고 싶어지는
것이 사람의 마음이라는 뜻.

□ **되지 못한 풍잡이 갓 밖에서 어른거린다**
좋지못한 물건이 흔히 잘 나타나 눈에 띈다는 뜻.

□ **된장에 풋고추 박히듯**
어떤 고장에 가서 자리를 잡고 오래 떠나지 않는 것.

□ **될성부른 나무는 떡잎부터 알아본다**
장차 크게 될 사람은 어릴 때부터 그 징조가 엿보인다
는 뜻.

□ **두꺼비 꽁지만 하다**
학식이나 재능이 아주 작다는 것.

돼지에 진주

☐ **두꺼비 씨름 누가 질지 누가 이길지**
　승패를 예측할 수 없다는 뜻.

☐ **두꺼비 파리잡아 먹듯**
　아무것이나 닥치는 대로 낼름낼름 받아먹는 것을 이르
　는 말.

☐ **두더지 혼인 같다**
　자기 분수를 잊고서 엉뚱한 희망을 갖는 것.

☐ **두루미 꽁지 같다**
　수염이 더부룩하게 많이 나고 짧은 것을 말함.

☐ **두메로 꿩사냥 보내놓고**
　먼저 할 일은 먼저 해야한다는 뜻.

☐ **두 손벽이 맞아야 소리가 난다**
　양편의 손이 서로 맞아야 일을 할 수 있다는 말.

□ 둘이 먹다가 하나가 죽어도 모르겠다
　음식의 맛이 썩 좋다는 비유

□ 둘러 치나 메어 치나 매 일반
　수단과 방법은 어쨌든 결과는 한가지라는 뜻.

□ 뒤로 오는 호랑이는 속여도 앞으로 오는 팔자는
못 속인다
　사람은 운명에 따라서 사는 것이지 자기 마음대로 할
　수는 없다는 말.

□ 뒤에 난 뿔이 우뚝하다
　젊은 사람이 늙은 사람보다 더 잘 한다는 뜻.

□ 뒤에 볼 나무는 그루를 돋우어라
　뒷 일을 생각한다면 미리부터 준비를 하라는 뜻.

□ 뒤웅박 신은 것 같다
　일이 바쁘고 위험한 것을 말함.

□ 뒤웅박 차고 바람 잡는다
　맹랑하고 허황된 짓을 하는 사람을 이름.

□ 뒷간과 사돈집은 멀어야 한다
　뒷간은 가까우면 냄새가 나고, 사돈집이 가까우면 이
　러쿵 저러쿵 말이 많으므로 그것을 경계한 말.

□ 뒷간 기둥이 방앗간 기둥 더럽다 한다
　자기 허물을 모르고 남의 허물을 말하는 이를 비웃는
　말.

□ 뒷간에 갈 적 맘 다르고 올 적 맘 다르다
　자기에게 필요할 때에는 다급하게 굴다가 할 일을 다

하면 마음이 변한다는 뜻

□ 뒷구멍으로 호박씨 깐다
　겉으로는 얌전한 척 하면서 속으로는 음흉한 것.

□ 뒷집 마당 벌어진 데 솔뿌리 걱정한다
　쓸데없이 남의 걱정을 한다는 뜻.

□ 드는 정은 몰라도 나는 정은 안다
　어떤 사람에게 정이 들 때는 드는 줄 모르게 들어도 정
　이 나가 떨어질 때는 역력히 정이 떨어져 간다하여 이
　르는 말.

□ 드문드문 걸어도 황소 걸음
　나가는 속도는 느리나 그것이 오히려 믿음직스럽다는
　말.

□ 듣기 좋은 이야기도 늘 들으면 싫다
　아무리 좋은 일이라도 여러번 되풀이하면 싫증이 난다
　는 말.

□ 듣보기 장사 애 말라 죽는다
　요행수를 바라는 사람을 비유하는 말.
　듣보기 장사란 떠돌이 장사를 말한다

□ 들어온 놀이 동네를 팔아 먹는다
　도중에 새로 들어온 것이 전체를 망친다.

□ 들어 오는 복도 문 닫는다
　방정맞은 짓만 한다는 뜻.

□ 들으면 병이요, 안 들으면 약이라
　들어서 근심될 일이라면 차라리 안 듣는 것이 낫다는
　말.

□ 들 중은 소금을 먹고 산 중은 나물을 먹는다
무슨 일에도 사정이 허락하는데로 무리하지 말라는
뜻.

□ 등겨 먹는 개는 들키고 쌀겨 먹는 개는 안 들킨
다
크게 나쁜 일을 한 사람은 들키지 않고 작은 죄는 들켜
서 애매하게 남의 허물을 뒤집어 쓴다는 말.

□ 등잔 밑이 어둡다
자기에게 너무 가까운 일은 먼데 일보다 오히려 모른
다는 뜻.

□ 등잔 불에 콩 볶아 먹을 놈
하는 일마다 옹졸하고 어리석어서 보기에 답답한 일만
하는 사람를 말함.

□ 등 시린 절 받기 싫다
남에게 별일도 해주지 않았는데 후한 대접을 받는다는
뜻.

□ 등이 더우랴 배가 부르랴
자기에게 아무런 이익이 없다는 뜻.

□ 등 치고 간 꺼내 먹는다
겉으로는 가장 위해 주는 체 하면서 속으로는 해를 끼
친다는 뜻.

□ 등 치고 배 문지른다
남을 은근히 위협하고 슬며시 어루만져 주는 척하는
것.

□ 따 놓은 당상

등장 밑이 어둡다

작정된 일이 확실하여 조금도 틀림이 없다는 뜻

□ 딱딱하기는 삼년 묵은 물박달 나무같다

고집이 아주 센 사람을 말함.

□ 딸 셋을 키우면 기둥뿌리 패인다

딸을 길러 시집을 보내기까지는 많은 비용이 들어 집
안 살림이 아주 어렵게 된다는 뜻.

□ 딸 없는 사위

인연이 끊어져서 정이 멀어졌다는 뜻.

□ 딸은 두번 서운하다

딸은 날 때 서운하고, 시집 보낼 때 서운하다는 말.

□ 딸 자식은 도둑년이다

딸은 길러 출가할 때도 많은 것을 해 가지고 가며서 출
가 후에도 친정에만 오면 무엇이나 가지고 가려고 하
기 때문에 이르는 말.

□ 딸의 집에서 가져온 고추장
물건을 몹시 아끼고 있다는 뜻.

□ 딸이 셋이면 문을 열어 놓고 잔다
딸을 많이 둔 사람이 결혼을 시키고 나면 .집안 살림이
몹시 가난해 진다는 뜻.

□ 땅 넓은 줄은 모르고 하늘 높은 줄만 안다
키만 홀쭉하게 크고 몸이 마른 사람을 말함.

□ 땅을 열 길 파면 돈 한푼이 생기나
돈을 아껴 쓰라는 뜻이다.

□ 땅 짚고 헤엄치기
매우 쉽다는 뜻

□ 땅 파다가 은 얻었다
대수롭지 않은 일을 하다가 뜻하지 않은 이익을 얻는
것.

□ 때리는 시어미 보다 말리는 시누이가 더 밉다
겉으로는 위해 주는 체 하면서 속으로 해하는 사람이
제일 밉다는 말.

□ 때묻은 왕사발 부시듯
대수롭지 않은 일을 크게 떠벌린다는 뜻.

□ 떠들기는 천안 삼거리
늘 끊이지 않고 떠들썩한 것.

□ 떠오는 달이라
인물이 훤하고 아름답다는 말.

□ 떡가루 두고 떡 못할까

이미 되게끔 정해 있는 것을 했다고 확인할 때에 핀잔
주는 말.

□ 떡국이 농간한다
재주는 없으나 오랜 경험으로 일을 잘 처리한다는 뜻.

□ 떡도 떡같이 못해 먹고 생떡국으로 망한다
사업이 중간에서 망한다는 뜻이다.

□ 떡도 떡이려니와 함이 더 좋다
내용도 물론 좋지만 형식이 잘 되어 있다는 뜻.

□ 떡 방아 소리 듣고 김칫국 찾는다
준비가 너무 지나치게 빠르다는 말.

□ 떡 본 김에 제사 지낸다
무슨 일을 하려고 생각하던 중 꼭 필요한 것을 마침 구
하여 그것을 치룬다는 뜻.

□ 떡주무르 듯 한다
이랬다 저랬다 자기 하고 싶은 대로 다룬다는 뜻.

□ 떡 줄 사람은 생각지도 않는데 김칫국부터 마신다
해 줄 사람은 생각지도 않는데 일이 다 된 것처럼 여기
고 미리부터 기대한다는 뜻.

□ 떡 해 먹을 집안
마음이 헤어지고 의리가 상하여 화합하지 못한 집안을
말함.

□ 떼꿩에 매를 놓다
욕심을 너무 부리면 하나도 얻지 못한다는 뜻.

□ 떼어둔 당상

어떤 일이 틀임없이 있다는 뜻. 당상이라 함은 벼슬 아
치의 인끈으로서 알기쉽게 말해서 그 벼슬아치의 신분
증과 같은 것이다.

□ 똥구멍으로 수박씨 깐다

속이 의뭉스러워 겉으로는 아무렇지도 않은 체하면서
딴 짓을 하는 사람을 이르는 말.

□ 똥구멍으로 호박씨 깐다

겉으로는 모르는 척하나 속으로는 꿍꿍이 속을 차리고
있다는 뜻.

□ 똥구멍이 찢어지게 가난하다

매우 가난하다는 뜻.

□ 똥 누고 밑 아니 씻은 것 같다

일을 끝마무리를 하지않아 꺼림직 하다는 뜻.

□ 똥 누면 분칠하여 말려 두겠다

아주 인색한 사람을 비웃는 말. 옛날에는 흰 개의 흰
똥을 아주 귀한 약으로 썼는데 거기서 나온 말이다.

□ 똥 먹던 개는 안 들키고 재 먹던 개는 들킨다

크게 나쁜 일을 저지른 자는 오히려 버젓하게 살고 있
는데 죄없는 사람이 죄를 뒤집어 쓴다는 것.

□ 똥 묻은 개 겨 묻은 개 나무란다

자기는 큰 흉을 가지고 있으면서 도리어 남의 작은 흉
을 본다는 뜻.

□ 똥이 무서워 피하나 더러워 피하지

돌 다리도 두들겨 보고 건너라

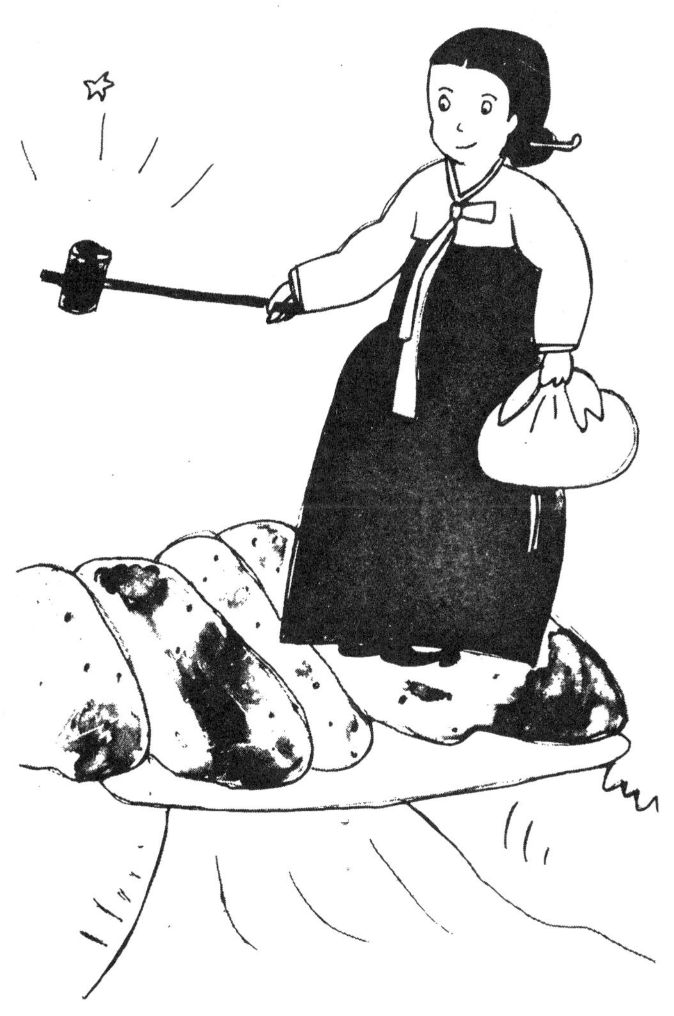

악한 사람을 상대하지 않는 것은 그가 무서워서가 아
니라 자기 마저 나빠질까 봐 피하는 것이라는 뜻.

□ **똥싼 주제에 매화 타령 한다.**
잘못하고도 비위좋게 날뛴다는 뜻.

□ **똥은 건드릴수록 구린내만 난다**
두가지 뜻이 있다.
①한 번 저지른 허물은 쉽게 벗을 수 없다는 뜻.
②밑바탕이 나쁜 사람은 아예 상대하지 말라는 뜻.

□ **똥 친 막대기**
너무 천하게 되어 가치없는 물건을 두고 이르는 말.

□ **뜨물 먹고 주정한다**
건주정하는 것, 또는 거짓으로 엉뚱한 소리를 하는
것.

□ **뜬 쇠도 달구면 만지기 어렵다**
불에 둔한 쇠도 불에 달구면 만지기 어렵듯, 아무리 온
순한 사람도 한 번 화가 나면 깔 볼 수가 없다는 말.

□ **뚝배기 보다 장 맛**
겉 보기에는 보잘 것 없으나 내용은 겉에 비하여 훌륭
하다는 뜻.

□ **뚱딴지 같다**
너무나도 엉뚱한 일이라는 뜻.

□ **뛰는 놈 위에 나는 놈 있다**
잘난 사람이 있으면 그보다 더 잘난 사람이 또 있다는
말.

마

믿는 도끼에 발등 찍힌다

□ **마른 날에 벼락 맞는다**
  뜻하지 않게 큰 재앙을 당했다는 말.

□ **마음 없는 염불**
  즐겨하고 싶은 마음이 없이 마지 못해 하는 것.

□ **마음에 있어야 꿈을 꾸지**
  생각이 없으면 꿈도 안 꾸어진다는 말.

□ **마음이 흔들 비쭉이라**
  결심이 굳지 못하고 감정에 좌우되는 사람을 가리킴.

□ **마이동풍(馬耳東風)**
  남의 말을 주의 깊게 듣지 않는다는 말.

□ **마음은 굴뚝 같다**
  마음 속으로는 하고 싶은 생각이 간절하다는 뜻.

□ 막다른 골이 되면 돌아선다

일이 막다른 지경에 이르면 또 다른 궁리가 생겨 뚫린
다는 갈.

□ 막내동이 응석 받듯

이런 말 저런 말을 다하여도 하는 대로 내버려 두는 것
을 말함.

□ 만나자 이별

만나자 마자 곧 헤어짐을 이름.

□ 만만찮기는 사돈집 안방

어렵고 거북하여 자유롭지 못한 것을 이름.

□ 만수산의 구름 뵈듯

사람이 많이 모임을 일컫는 말.

□ 말 갈데 소 간다

①아니 갈 데 간다는 뜻. ②남이 할 수 있는 일이면 자
기도 할 수 있다는 뜻.

□ 말고기를 다 먹고 무슨 냄새 난다 한다.

욕심을 채우고나서 쓸데없는 불평을 말하는 사람을 비
웃는 말.

□ 말꼬리에 파리가 천리 간다

남의 세력에 기대어 세력을 폄을 말함.

□ 말 많은 집은 장 맛도 쓰다

집안에 잔말이 많으면 살림이 잘 안된다는 말.

□ 말 살에 쇠 살

합당하지 않은 말을 하는 사람을 욕하는 말.

□ 말은 할수록 늘고 되질은 할수록 준다
　　같은 내용의 말이라도 사람들의 입을 통해 전해지면
　　전해질수록 과장되며 물건은 옮길수록 줄어든다는 뜻.

□ 말이 많으면 실언도 많다
　　말을 많이 하게 되면 잘못 말을 하는 경우도 생길 것이
　　니 말을 많이 하는 것을 삼가하라는 뜻.

□ 말이 말을 만든다
　　말은 사람의 입을 옮겨가는 동안 모르는 사이에 그 내
　　용이 과장되고 변한다는 뜻.

□ 말 잃고 외양간 고친다
　　평소 대비가 없다가 실패한 마음에야 깨달아 대비를
　　한다는 뜻.

□ 말 타면 종 두고 싶다
　　사람의 욕심이란 한이 없다는 뜻.

□ 말 태우고 버선 깁는다
　　준비가 늦었다는 뜻.

□ 말 위에 말을 얹는다
　　욕심많은 사람을 일컬음.

□ 말 잘하기는 소진, 장의군
　　언변이 좋은 사람을 일컬음. 소진과 장의는 고대 중국
　　의 웅변가로서 활약했다.

□ 말 한마디에 천냥 빚도 갚는다
　　말만 잘하면 어려운 일이나 불가능한 것도 해결한다는
　　뜻. 즉, 말을 잘하는 사람은 처세에 유리하다는 뜻

□ 말똥에 굴러도 이승이 좋다

고생은 될지라도 사는 것이 죽는 것보다는 낫다는 뜻.

□ 맑은 물에는 물고기도 안 논다

사람이 너무 깔끔하면 재물이 따르지 않는다는 뜻.

□ 맛있는 음식도 늘 먹으면 싫다고

아무리 좋은 일이라도 여러번 되풀이하면 싫증이 난다
는 말.

□ 망건 쓰자 파장 된다

하고자 하는 일을 준비하다가 그만 때를 놓쳐 처음의
뜻을 이루지 못함을 말함.

□ 망둥이가 뛰니까 전라도 빗자루도 뛴다

남이 한다고 아무 관련도 없고 그럴 처지도 못되는 사
람이 공연히 날뛰는 것을 말함.

□ 망둥이 제 친구 잡아 먹는다

친척간에 서로 싸우는 것.

□ 망신 살이 뻗쳤다

무슨 일을 잘못하여 남들에게 창피한 꼴을 당한다는
뜻.

□ 망신 당하려면 아버지 이름자도 안 나온다

망신을 당하려면 내내 잘 되던 일도 틀어진다는 뜻.

□ 망치가 가벼우면 못이 솟는다

윗 사람이 너무 무르면 밑에 사람이 순종을 않고 도리
어 반항한다는 뜻.

□ 매도 먼저 맞는 놈이 낫다

이왕 겪어야 할 일이라면 아무리 어렵고 괴롭더라도
남보다 먼저 당하는 편이 좋다는 말.

□ 매를 꿩으로 보다
사나운 사람을 순한 사람으로 잘못 보는 것.

□ 매사는 불여 튼튼이라
무슨 일이나 튼튼히 해 놓는 것이 가장 좋다는 말.

□ 맨 입에 앞 교군 서라 한다
어려운 일이 있는데 또 어려운 일이 겹친다는 뜻.

□ 맹물에 조갯돌 삶은 맛이다
전혀 아무 맛도 없다는 뜻.

□ 머리는 끝부터 가르고 말은 밑부터 한다
말은 처음부터 요령있게 해야 한다는 뜻.

□ 머리 없는 놈 댕기치레한다
본바탕은 보잘 것 없는데 겉만 번지르르하게 꾸민다는
뜻.

□ 먹기 싫은 밥에 재나 뿌리지
제가 싫다고 하여 남도 못하게 방해하는 심술을 이름.

□ 먹기는 파발이 먹고 뛰기는 역마가 뛴다
정작 애쓴 사람은 댓가를 받지못하고 엉뚱한 사람이
받는다는 뜻.
급한 나라의 파발은 연락을 변방에 있는 관청이나 군
영에 알리는 사람인데 그 긴급한 연락을 위해 역을 마
련하고 말을 언제나 준비해 두었었다.

□ 먹을 때는 개도 아니 때린다

망둥이가 뛰니까 전라도 빗자루도 뛴다

아무리 잘못하였더라도 음식을 먹는 사람을 때리거니
꾸짖지 말라는 뜻.

□ 먹는 데는 남이요, 궂은 데는 일가라
먹는 일이나 이익이 있는 일은 남처럼 모르는 척하다
가 궂은일, 걱정거리가 있으면 친척이라고 찾아가서
간청을 하고 친한듯이 군다는 뜻.

□ 먹는 죄는 없단다
배가 코파서 남의 음식을 훔쳐 먹은 죄는 그리 대단치
않다는 말.

□ 먹지도 못하는 제사에 절만 죽도록 한다
아무 소득도 없는 일에 수고만 잔뜩 한다는 뜻.

□ 먹지 않는 씨아에서 소리만 난다
하는 일 없이 일하는 체 하며 떠들기만 한다는 뜻

□ 메뚜기도 유월이 한 철이라
모든 것의 전성기는 매우 짧다는 말.

□ 멧돌 잡으러 갔다가 집돌 잃었다
먼데 것을 욕심내다가 가까운 것을 잃었다는 말.

□ 며느리가 미우면 손자까지 밉다
자꾸 미워만 하면 고와야 할 것까지도 미워진다는 말

□ 며느리 사랑는 시아버지, 사위 사랑은 장모
며느리는 보통 시아버지에게 귀여움을 받고 장모는 사
위를 사랑하게 된다는 말.

□ 며느리 자라 시어미 되니 시어미 티를 더 잘한다
예전에 자기가 남의 밑에 있으면서 당하던 설움을 생

각지 않고 아랫사람에게 몹시 못살게 군다는 뜻.

□ 명태 한 마리 놓고 딴전 본다
하고 있는 일과는 상관없이 엉뚱한 짓을 하는 것.

□ 모기 다리에서 피 뺀다
아무것도 없을 듯한 데서도 갖은 수단을 다 써서 가증하게도 뺏어낼 때 이르는 말.

□ 모난 돌이 정 맞는다
성질이 원만하지 못한 사람은 남에게 미움을 받는다는 말.

□ 모래로 방천한다
수고는 하나 아무런 효과가 없다는 말.

□ 모래 위에 물 쏟은 격
아무리 애써 하여도 흔적도 남지 않는 소용없는 일을 할 때 쓰는 말.

□ 모로가도 서울만 가면 된다
어떤 방법이라도 처음 세운 목적을 이루면 된다는 뜻.

□ 모로 던져 마름쇠
아무렇게나 하여도 실패가 없다는 뜻.

□ 모르면 약이요, 아는 게 병
아무것도 모르면 마음이 편하고 좋으나, 무엇을 좀 알게 되면 도리어 걱정거리만 되어 해롭다는 말.

□ 모진 놈 옆에 있다가 벼락 맞는다
모진 사람과 있다가 그 사람에게 내린 화가 자기에게도 돌아온다는 뜻.

□ 모기 칼빼기
　시시한 일에 화을 냄을 가리키는 말.

□ 모처럼 태수가 되니 턱이 떨어져
　목적한 일이 모처럼 달성되었는데 그것이 헛일이 되고
　말았다는 뜻.

□ 목구멍의 때도 못 씻었다
　먹은 음식의 양이 너무 적었다는 .뜻.

□ 목구멍에 풀 칠한다
　굶지 않고 겨우겨우 먹고 살아 나간다는 말.

□ 목구멍이 포도청
　먹고 살기 위하여 범죄도 불가피하다는 뜻.

□ 목탁도 귀가 밝아야 한다
　귀가 어두우면 먹을 밥도 찾아 먹지 못한다는 뜻.

□ 묵화 신고 발등 긁기
　완전한 만족을 얻지 못하는 것. 또는 사물이 분명치 않
　고 흐릿한 것.
　묵화는 사슴가죽으로 만든 요즘의 짧은 장화처럼 생긴
　신인데 옛날의 벼슬아치들이 신었다. 속담의 내력은
　발등이 가려워도 반장화라 긁을 수가 없어 시원한 기
　분이 나지 않는다는 말.

□ 목마른 놈이 우물 판다
　자기가 급해야 서둘러 일을 시작한다는 뜻.

□ 못난 일가 항렬만 높다
　변변찮은 주제에 친족상의 등급이 높은 것을 비유한
　말,

물에 빠지면 짚이라도 잡는다

□ 못난 색씨 달밤에 삿갓 쓰고 나선다
미운 사람이 점점 더욱 보기 싫은 짓만 한다는 말.

□ 못 된 나무에 열매만 많다
가난한 사람이 자식만 많다는 것.

□ 못된 당나귀 생원님 업신여긴다.
덜된 사람일수록 웃사람이나 남을 자기 분수도 모르고
깔본다는 뜻

□ 못 된 송아지 엉덩이에 뿔 난다
되지도 못한 사람이 건방지고 좋지 못한 짓을 한다는
뜻.

□ 못 먹는 감 찔러나 본다
일이 자기에게 불리할 때 심술을 부려 훼방을 놓는 일.
못 먹는 밥에 재 넣기.

□ 몽둥이 들고 포도청 담에 오른다
  죄인이 꾀를 부려 죄를 면하려다가 도리어 폭로 되었
  을 때 쓰는 말.

□ 몽치 깍자 도전이 뛴다
  준비하는데 시간을 다 보내어 목적을 이루지 못한다는
  뜻.

□ 무는 개를 돌아 본다
  성미가 사납고 말이 많은 사람을 더욱 조심하게 된다
  는 말.

□ 무는 개 짖지 않는다
  무서운 사람일수록 말이 없다는 뜻.

□ 무당이 제 굿 못한다
  사람은 자기가 제 일을 처리하기 어렵다는 말.

□ 무쇠도 갈면 바늘 된다
  단단하고 무딘 쇠도 갈면 가늘고 작은 바늘을 만들 수
  있다 함이니 사람이 어떤 어려운 일이라도 꾸준히 노
  력하면 이룰 수 있다는 말.

□ 무우 밑둥 같다
  도와주는 사람이 없어 외롭다는 뜻.

□ 무자식이 상팔자
  자식이 없는 것이 도리어 걱정이 없다는 뜻.

□ 묵은 거지보다 햇거지가 더 어렵다
  오래된 거지가 마음이 더 굳고 참을성이 많다는 것.

□ 묵은 장 쓰듯

조금도 아끼지 않고 헤프게 쓴다는 말.

□ 묵 주머니 만든다
물건을 뭉개고 못쓰게 만든다는 말.

□ 문서 없는 종
행랑채에 사는 사람을 가리키는 말, 또는 아내를 가리
키는 말이기도 하다.

□ 문선왕 깨고 송사한다
권력있는 사람의 세도를 믿는 것.

□ 문전 나그네 흔연대접
어떤 신분의 사람이라도 자기를 찾아온 사람은 친절히
대하라는 말.

□ 문지방이 닳도록 드나든다
매우 자주 드나든다는 뜻.

□ 문틈으로 보나 문 열고 보나 보기는 매 일반
드러내고 하거나 몰래 하거나 함은 마찬가지라는 뜻.
이 세상에 비밀은 없다는 뜻이다.

□ 물 먹은 배만 튀긴다
실속이 없으나 겉으로는 배부른 척 하는 것.

□ 물에 물 탄듯 술에 술 탄듯
그 효과와 변화가 조금도 없음을 뜻함.

□ 물밖에 난 고기
죽고 사는 운명이 이미 결정되어 있다는 뜻.
도마 위에 오른 고기와 같은 의미.

□ 물에 빠지더라도 정신 잃지 마라

아무리 어렵고 고생스러운 일을 당할지라도 정신을 차리고 일을 수습하면 모든 일이 잘 될 수 있다는 말.

☐ 물에 빠지면 짚이라도 잡는다
위급한 때를 당하면 무엇이나 닥치는 대로 잡고 늘어져 본다는 뜻.

☐ 물에 빠져도 주머니 밖에 뜰 것이 없다
수중에 한 푼 없다는 것.

☐ 물에 빠진 사람 건져 놓으니까 내 봇짐 내놓으라
한다
남에게 은혜를 받고서도 도리어 그 사람을 나무래고 원망할 때 이르는 말.

☐ 물에 빠진 새앙쥐
몸이 흠뻑 젖어 있음을 말함.

☐ 물에 죽을 신수면 접시 물에도 빠져 죽는다
사람이 죽으려면 아무렇지도 않은 일에도 죽을 수 있다는 말.

☐ 물은 건너 봐야 알고 사람은 지내 봐야 안다
사람을 겉으로 보아서는 모르고 서로 오랫 동안 같이 지내면서 겪어 보아야 바로 알 수 있다는 말.

☐ 물이 깊어야 고기가 모인다
덕이 커야 따르는 사람이 많다는 뜻.

☐ 물이 맑으면 고기가 아니 산다
사람이 지나치게 결백하면 남이 오히려 따르지 않는다는 말.

□ 물이 아니면 건너지 말고 인정이 아니면 사귀지
말라
　사람을 사귈 때 자기의 이익이나 다른 생각으로 가까
이 사귀지 말고 인정으로 사귀라는 말.

□ 미꾸라지 용 됐다
　변변치 못한 사람이 훌륭하게 되었을 때 이르는 말.

□ 미꾸라지 한마리가 온 웅덩이를 흐린다
　못된 사람 하나가 온 집안이나 온 사회를 망친다는 말.

□ 미련하기가 곰이다
　매우 미련한 사람을 이르는 말.

□ 미운 놈 떡 하나 더 준다
　자기가 미워하는 사람에게 술책상 후환이 없도록 후하
게 대하여 한다는 말.

□ 미운 벌레가 모로 간다
　몹시 미운 사람은 그 하는 짓마저 눈에 거슬린다는 뜻.

□ 미지근해도 흥정은 잘 한다
　누구나 한가지 재주는 다 있다는 뜻.

□ 미치광이 풋나물 캐듯
　마음이 아주 허술함을 가리키는 말

□ 미친 개 친 몽둥이 삼년 울린다
　대수롭지도 않은 일을 두고두고 말하는 것.

□ 미친 중놈 집 헐다
　성질이 거칠고 경망하여 하는 것이 엉망인 것.

□ 미운 자식 밥 많이 먹인다

미운 사람 일수록 더 친절히 해야 감정도 상하지 않고
후환이 없다는 뜻.

□ 미운 털이 박혔나
몹시 미워하며 못살게 구는 것을 비웃는 말.

□ 미친 개가 천연한 체 한다
온전하지 못한 사람이 온전한 체 한다는 말.

□ 미친 개 눈에는 몽둥이만 보인다
한가지 일에만 열중하면 모든 것이 똑같게 보인다는
뜻.

□ 민심(民心)이 천심(天心)이라
백성들의 마음을 어길 수 없다는 말.

□ 믿는 나무에 곰이 피었다
서로 믿는 사이에 배신 당했을 때 쓰는 말.

□ 믿는 도끼에 발등 찍힌다
아무 염려 없다고 믿고 있던 일을 실패했을때 하는 말.

□ 밑도 끝도 없다
시작도 끝맺음도 없다 함이니 까닭도 모를 말을 불쑥
꺼낸다는 말.

□ 밑 빠진 독에 물 붓기
아무리 애써서 일을 해도 한이 없고 보람이 나타나지
않을때 이르는 말.

바

발 없는 말이 천리 간다.

□ 바늘 가는 데 실 간다
서로 떨어져서는 소용이 없으므로 항상 서로 붙어 다
닌다는 뜻.

□ 바늘 구멍으로 하늘보기
속이 좁아 답답한 사람을 말함.

□ 바늘 구멍으로 황소바람 들어온다
추울 때에는 아무리 작은 구멍이라도 새어 들어오는
바람이 차다는 뜻.

□ 바늘 넣고 도끼 낚는다
작은 밑천을 들이고 큰 이익을 얻으려 한다는 것.

□ 바늘 도둑이 소 도둑 된다
처음에 조그만 것을 훔치면 버릇이 되어 나중에는 큰
것까지 도둑질 하게 된다는 뜻.

□ 바늘 방석에 앉은 것 같다
자리에 그대로 있기가 매우 불안할 때 이르는 말.

□ 바다는 메워도 사람의 욕심은 못 채운다
사람의 욕심은 한이 없다는 말.

□ 바람벽에 돌 붙였나 보지
오래 참고 지닐 일이 아니면 처음부터 그만 두라는 뜻.

□ 바람 부는 대로 물결 치는 대로
모든 일을 되어가는 대로 맡겨 버린다는 뜻.

□ 바른말 하는 사람은 귀여움 못 받는다
남의 잘못을 너무 따지고 드는 사람은 사교상 호감을
얻을 수 없다는 말.

□ 바지 저고리만 다닌다
아무 실속이 없고 바보같은 사람을 조롱하는 말.

□ 박주 한잔이 차보다 낫다
아무리 쓸모없는 것이라도 없는 것 보다는 낫다는 뜻.

□ 반드럽기는 삼년 묵은 물박달나무 방망이
① 말을 안 듣고 이리저리 피하기만 하는 사람을 가리
킴. ② 살살 잘 빠져나간다는 뜻.

□ 반딧불로 별을 대적하랴
되지않을 일은 아무리 억척을 부려도 소용이 없다는
뜻.

□ 발등에 불이 떨어진다
갑자기 어떻게 피하기 어려운 재화가 닥쳐왔다는 말.

□ 발 뻗고 잔다

죄없는 사람은 마음이 편하다는 뜻. 또 어려운 일에서
벗어 났다는 뜻이다.

□ 발 없는 말이 천리 간다
한번 한 말은 얼마든지 저절로 퍼지는 법이니 말을 조
심 하라는 뜻.

□ 밤에 보아도 낫자루 낮에 보아도 밤나무
무슨 물건이고 그 본바탕은 어디서나 나타난다는 뜻.

□ 밥 빌어다가 죽을 쑤어 먹을 놈
성질이 매우 느리고 게으르며 하는 짓이 어리석은 사
람을 이르는 말.

□ 밥 그릇이 높으니까 생일만큼 여긴다
음식에 만족한다는 말.

□ 방귀 뀌고 성 낸다
자기가 잘못하여 놓고 도리어 화를 낸다는 말.

□ 배만 부르면 제 세상인 줄 안다
배불리 먹기만 하면 아무 근심 걱정도 모른다는 뜻.

□ 밭 팔아 논 살 때에는 이밥 먹자는 뜻
못한 것을 버리고 나은 것을 찾을 때에는 더 나은 것을
바란다는 뜻.

□ 배가 앞 남산만 하다
되지못하게 교만한 사람을 말함.

□ 배에 밭 기름이 꼈다
가난하던 사람이 부자가 되어 잘 먹게 되었다는 말.

□ 배 먹고 이 닦기

한가지 일로 두가지 이로움을 얻었다는 뜻.

□ 백미에 뒤 섞이듯
아주 드물어 얻기 어렵다는 뜻.

□ 배보다 배꼽이 더 크다
마땅히 작아야 할 것이 크고 적어야 할 것이 많을 때
이르는 말.

□ 배부른 흥정
아쉬움이 없이 제 마음에 차면하고 차지 않아 하기 싫
으면 안한다는 말. 별로 관심이 없다는 뜻.

□ 배썩은 것은 딸 주고 밤 썩은 것은 며느리 준다
자기가 낳은 자식은 언제나 남의 자식보다 소중하게
여긴다는 뜻.

□ 배 주고 속 빌어먹는다
큰 이익은 남에게 주고 거기서 조그마한 이익을 얻는
다는 뜻.

□ 배지 않은 아이 낳으라고 한다
무턱대고 무리한 요구를 할 때 쓰는 말.

□ 백정도 올가미가 있어야지
장사하자면 밑천이 있어야 한다는 뜻.

□ 백정이 버들잎을 물고 죽는다
죽을 때에도 자기의 뿌리를 잊지않는다는 뜻.

□ 백지장도 맞 들면 낫다
아무리 쉬운 일일지라도 혼자하는 것보다 힘을 합하면
훨씬 더 효과적이라는 말.

□ 백옥이 진토에 묻힌다
훌륭한 인물이 때를 만나지 못하고 불우하게 산다는
것.

□ 뱁새가 황새 걸음을 걸으면 가랑이가 찢어진다
남이 한다고 하여 제 힘에 겨운 일을 억지로 해 나가려
고 하다가 도리어 큰 화를 당하게 된다는 말.

□ 번개가 잦으면 천둥을 한다
무슨 일을 함에 있어 조짐이 잦으면 반드시 그 일이 이
루어지고 만다는 뜻.

□ 번갯불에 콩 볶아 먹겠다
행동이 매우 빠름을 이름, 성미가 급하여 무엇이나 그
당장에 처리하려고 하는 사람을 말함.

□ 벌거벗고 환도차기
서로 어울리지 않아 어색하게 보이는 것.

□ 벌 집을 건드렸다
공연히 큰 일을 저질렀다는 뜻.

□ 벌쐰 사람 같다
왔다가는 금방 가는 사람을 두고 하는 말.

□ 범 굴에 들어가야 범을 잡지
큰 목적을 이루려면 그만한 위험과 수고를 겪지 않으
면 안 된다는 말.

□ 범나비 잡아먹듯
음식 따위가 양에 차지 않아 만족하지 못한다는 뜻.

□ 범 모르는 하룻 강아지

백지장도 맞 들면 낫다

철없이 무서운 줄 모르며 함부로 덤벼드는 것을 이름

□ 범 본 여편네 창구멍 틀어막듯
밥을 허겁지겁 먹는 것.

□ 범 없는 골에서 토끼가 스승이라
잘난 사람이 없는 곳에서는 못난 사람이 잘난체하고
뽐낸다는 말.

□ 범에게 물려가도 정신을 차려라
아무리 위험한 때를 당하여도 정신만 잘 차리면 살이
날 도리가 생긴다는 말.

□ 범을 길러 화를 받는다
화근을 길러 스스로 걱정거리를 만든다는 뜻.

□ 범도 제 말하면 온다
어떤 사람 이야기를 할 때 마침 그 사람이 왔을때 쓰는
말.

□ 범은 그려도 뼈다귀는 못그린다
겉모양은 볼 수 있어도 그 속사정은 모른다는 뜻.

□ 범의 차반
저축할 생각을 않고 생기는대로 다 써버리는 것.

□ 범 탄 장수같다
아주 의기양양한 것.

□ 법은 멀고 주먹은 가깝다
사리를 따져 옳고 그름을 판단하기 전에 완력부터 부
린다는 말.

□ 벙거지 시울 만지는 소리

흐리멍텅하며 뭐가 뭔지 알 수 없다는 뜻.

□ 벙어리 냉 가슴 앓듯 한다
남에게 말 못할 사정을 마음 속으로 혼자 애태우는 답답한 심정을 이르는 말.

□ 벗 줄 것은 없어도 도적 줄 것은 있다
아주 가난하지만 그래도 도둑맞을 것은 있다는 뜻.

□ 벙어리 속은 그 어미도 모른다
말하지 않으면 아무도 모른다는 뜻.

□ 벙어리 재판
아주 곤란한 일을 두고 하는 말.

□ 벼락에는 오히려·바가지를 쓴다
액운이나 재앙은 아무리 해도 막지 못한다는 뜻.

□ 벼룩의 간을 내어 먹는다
극히 적은 이익을 부당한 수단을 써서 착취한다는 뜻.

□ 벼룩의 간에 육간 대청 짓겠다
하는 일이 이치에 어긋나고 속이 좁은것.

□ 벼르던 제사에 물도 못 떠 놓는다
무슨 일이나 잘 하려고 벼르고 기대하면 도리어 더 못하게 되는 수가 많다는 말.

□ 벼르는 이가 눈이 먼다
무슨 일이든지 몹시 기다리고 아끼는 일이 바로 성공하기란 어렵다는 뜻.

□ 벼슬은 높이고 뜻은 낮추어라
지위가 높을수록 겸손해야 한다는 뜻.

□ 벽을 치면 대들보가 울린다

먼말로 알리는 체만 하여도 곧 눈치를 채고 알아 듣는
다는 뜻.

□ 벽창호다

고집이 세고 성질이 아주 무뚝뚝한 사람을 이르는 말.

□ 변덕이 죽 끓듯 한다

몹시 변덕을 부린다는 말.

□ 병신 달 밤에 체조 한다

못난 사람이 더욱 미운 짓만 한다는 뜻.

□ 병신 자식이 효도 한다

병신이라도 기대하지 않았던 자식이 도리어 효도를 한
다 함이니, 대수롭지 않고 기대하지 않았던 것이 제 구
실을 잘 할 때 하는 말.

□ 병 자랑은 하여라

사람의 몸은 중하고 또 중한 것이다. 병들어 남 몰래
몸을 상하게 하지 말고 다른 사람에게 이야기하면 좋
은 치료법도 알 수 있으니 속히 치료를 받도록 하라는
말.

□ 병 주고 약 준다

무슨 일을 망쳐놓고서 도와 준다는 뜻.

□ 병신 치고 육갑 못하는 놈 없다

못난 사람이 엉뚱한 짓을 한다는 말.

□ 보기 좋은 떡이 먹기도 좋다

겉 모양이 좋으면 그 내용도 좋다는 말.

□ 보리누름까지 세배한다
   지나치게 예의를 차리는 사람을 이름.

□ 보리밥에는 고추장이 제격이다
   무엇이든지 자기의 격에 알맞도록 해야 좋다는 뜻.

□ 보리술이 제맛이 있다
   근본이 나쁘면 그 결과도 나쁘다는 뜻.

□ 복날 개 패듯 한다
   인정 사정 없이 때리는 것을 이름

□ 복의 이갈듯 한다
   원한이 있어 이를 바드득 가는 것.

□ 복장 터진다
   답답하여 견딜 수 없다는 말.

□ 볶은 콩도 골라 먹는다
   여러 물건을 다 쓸 바에는 골라가며 쓸 필요가 없는데
   그렇게 하는 것이 사람의 본능이란 뜻.

□ 봄 눈 녹듯 한다
   빠르게 사라져 버린다는 뜻.

□ 봄 꿩이 제바람에 놀란다
   자기가 한 일에 자기가 놀란다는 말.

□ 봉사 기름값 물어주나 중이 회값 물어주나 매일
반
   어떤 것을 갚아주어야 할때 자기는 전혀 거기에 관계
   가 없다는 뜻.

□ 봉사 단청 구경

빛 좋은 개살구

사물의 참다운 뜻을 모른다는 뜻.

□ 부귀빈천이 물레바퀴 돌 듯한다
사람의 운이란 자꾸 바뀐다는 뜻.

□ 부르느니 말하지
서로 가까운 거리에서 부르는 것보다 직접 대고 말하는게 빠르다는 뜻.

□ 부레풀로 일월을 붙인다
부레풀로 해와 달을 붙인다는 말인데, 이런 일은 있을 수가 없는 것이므로 못난 소리를 한다는 뜻이다.

□ 부모가 자식을 겉 낳았지 속 낳았나
아무리 자기가 낳은 자식이라도 자식의 속은 알 수 없다는 말.

□ 부모가 착해야 효자가 난다
  웃 사람이 잘 해야 아랫 사람도 잘 한다는 말.

□ 부엉이 곳간
  없는 것 없이 여러가지가 꽉 차 있는 곳간을 말한다.

□ 부엉이 방귀 같다
  작은 일에 놀라는 것.

□ 부부 싸움은 칼로 물베기
  부부간은 아무리 심하게 싸웠어도 곧 화합이 잘 된다
  는 말.

□ 부엉이 집 만났다
  갑자기 큰 횡재를 했다는 뜻.

□ 부엌에 가면 더 먹을까 방에 가면 더 먹을까
  어느 쪽이 더 나을까하고 망설인다는 뜻.

□ 부잣집 외상보다 비렁뱅이 맞돈이 좋다
  장사하는데는 아무리 튼튼한 데라도 외상 보다는 맞돈
  이 낫다는 뜻.

□ 부조는 않더라도 젯상이나 치지 말라
  도와주지 않더라도 낭패되는 일은 없게 해달라는 것.

□ 부처님 가운데 토막
  성질이 온순하고 마음이 어진 사람을 비유한 말.

□ 부처님 살찌고 파리하기는 석수에 달렸다
  일의 성공 여부는 자기의 의지에 달렸다는 말.

□ 북 치듯 한다
  무엇을 함부로 두드린다는 뜻.

□ 분에 심어 놓으면 못된 풀도 화초라 한다
사물은 그 환경에 따라 귀하고 천해진다는 뜻.

□ 불면 날까 쥐면 꺼질까
어린 자녀를 매우 사랑함을 이르는 말.

□ 불 없는 화로, 딸 없는 사위
쓸데없는 물건과 같다는 뜻.

□ 불에 탄 개 가죽
모든 일에 발전이 없고 점점 오그라들기만 하는 것.

□ 불알 두 쪽 밖에는 없다
재산이라고는 아무것도 없다는 말.

□ 붉고 쓴 잔
겉은 보기 좋으나 속이 검은 사람을 두고 하는 말.

□ 비는 놈한테는 져야 한다
자기의 잘못을 뉘우치고 사과를 하는 사람은 용서해야
된다는 뜻.

□ 비는 데는 무쇠도 녹는다
자기의 잘못을 뉘우치고 빌면 아무리 고집이 세고 완
고한 사람도 용서를 해 준다는 말.

□ 비단이 한끼라
집안이 망하여 먹을 식량이 떨어져 깊이 간직하였던
비단을 팔아도 겨우 한끼니 밖에 아니되니 한번 망하
기 시작하면 걷잡을 수 없다는 말.

□ 비단 옷 입고 밤길 걷기
보람이 없다는 뜻.

☐ 비둘기는 콩 밭에만 마음이 있다
먹을 것 있는 곳에만 정신을 기울인다는 말.

☐ 비렁뱅이가 하눌을 불쌍히 여긴다
주제넘은 엉뚱한 것을 걱정한다는 뜻.

☐ 비를 드니 마당을 쓸라 한다
자기가 곧 하려고 하는데 마침 남이 일을 시킬때 쓰는
말.

☐ 비 맞은 용대가리 같다
호탕스럽고 쾌활하던 사람이 갑자기 시무룩해진다는
말.

☐ 비온 뒤에 땅이 굳어 진다
어떤 일에 실패를 당한 후에야 일이 더 든든해 진다는
말.

☐ 비오거든 산소 모종을 내어라
조상의 산소를 비오는 날 때를 입히듯, 좋은 장소에 옮
겨 너의 자손을 너와 같이 못된 사람으로 만들지 말라
는 뜻.

☐ 비위가 노래기 회 해 먹겠다
아주 뻔뻔스런 사람을 가리킴.

☐ 비위가 떡판에 가 넘어 지겠다
교활하고 염치 좋은 사람을 말함.

☐ 비지 먹은 배는 연약과도 싫다 한다
배가 부르면 아무리 좋은 음식도 먹고 싶지 않다는 뜻.

☐ 빈대 미워 집에 불 놓는다

큰 손해가 될 것은 생각치 않고 자기에게 마땅치 않은
것을 없애기 위하여 어떤 일을 한다는 뜻.

□ 빈 수레가 더 요란하다
참으로 아는 사람은 가만히 있는데 잘 알지도 못하는
사람이 아는 체하고 떠든다는 뜻.

□ 빌어 먹는 놈이 콩밥을 마다 할까
한창 궁한 판이라 좋고 나쁜 것을 가릴 처지가 안 된다
는 뜻.

□ 빚 보증하는 자식 낳지도 마라
자기는 돈 한푼 써 보지도 못하고 남의 빚 쓰는데 보증
을 서고 책임을 지는 일을 하지 말라는 뜻.

□ 빚 진 종이라
빚을 진 사람은 빚을 준 사람의 종이나 다름없이 된다
는 말.

□ 빚 진 죄인
빚진 사람은 돈을 준 사람 앞에서 기가 죽어 죄지은 사
람같이 떳떳하지 못함을 이름.

□ 빛 좋은 개살구
겉 모양은 그럴 듯하나 실속이 없다는 뜻.

□ 뽕도 따고 임도 보고
두 가지 일을 동시에 이룸을 말함.

□ 뿌리 깊은 나무 가뭄 안 탄다
뿌리가 땅에 깊이 박힌 나무는 가뭄을 쉽게 타지 않음
과 같이 근원이 깊고 튼튼하면 오래 견딘다는 말.

□ 뿌리 없는 나무에 잎이 필까
　원인이 없이는 결과가 있을 수 없다는 말.

□ 뿔 뺀 쇠 상이라
　지위는 높아도 실제의 권력은 없다는 뜻.

□ 뺨 맞는데 구레나룻이 한 부조
　아무 소용없는 것도 쓸데가 있다는 말.

□ 뺨을 맞아도 은가락지 낀 손에 맞는 것이 좋다
　이왕 봉변을 당하려면 지위가 높고 덕망있는 사람에게
　당하는 것이 낫다는 말.

□ 사내 아이 열 다섯이면 호패를 찬다

남자가 열 다섯이 되면 한 사람의 남자 자격이 있는
것이니 떳떳한 구실을 하라고 하여 이르는 말.

□ 사나운 개 콧등 아물 때가 없다

남과 싸우기를 좋아하는 사람은 언제나 자기에게 손해
를 미친다는 뜻.

□ 사당 치레하다가 신주 개물려 보낸다

겉만 지나치게 치레하다가 진짜 실질적인 것을 잃는다
는 말.

□ 사돈네 남의 말 한다

자기 일은 젖혀놓고 남의 일에 말 참견할 때 쓰는 말.

□ 사돈의 팔촌

아무 관계 없는 남이란 뜻.

□ 사또 떠난 뒤에 나팔분다
마땅히 해야할 시기에 아니 하다가 지난 뒤에 하는 것
을 비웃는 말.

□ 사람 살 곳은 가는 곳마다 있다
이 세상의 인정은 어렵고 가엾은 사람을 버리지 않고
어떻게든지 도와서 살게 해 주는 법이라는 뜻.

□ 사람은 먹고 살기 마련이다
생활이 곤란하여 곧 굶어 죽을 것 같으나 그래도 어떻
게 먹고 살아나간다하여 이르는 말.

□ 사람은 잡기를 하여 보아야 마음을 안다
잡기는 노름 따위를 가리키는 것인데 사람은 그 노름
을 할 때 그 사람의 본 바탕에 있는 성질이 가장 잘 나
타난다.

□ 사람은 죽으면 이름을 남기고 호랑이는 죽으면
가죽을 남긴다
사람이 살아 있을때 훌륭하고 착한 일을 해야 후세에
까지 빛나게 된다는 말.

□ 사람은 키 큰 덕을 입어도 나무는 키 큰 덕을 못
본다
나무는 큰 나무가 있으면 작은 나무가 자라지 못하나
사람은 큰 인물에게 그 덕을 입는다는 뜻.

□ 사람은 헌 사람이 좋고 옷은 새 옷이 좋다
사람은 사귄지가 오래일수록 좋고 옷은 새 것일수록
좋다는 말.

□ 사람의 얼굴은 열번 변한다

사람의 얼굴 모양이 한평생 살아가는 동안 여러번 변한다는 말.

□ **사람이면 사람인가 사람이라야 사람이지**
사람이라면 사람다운 짓을 해야지 도리에 어긋난 행동을 하면 사람이라 할 수 없다는 말.

□ **사람 위에 사람없고 사람 밑에 사람없다**
사람은 모두 평등하고 그 권리나 의무도 똑같다는 뜻.

□ **사람처럼 간사한 건 없다**
사람은 외부의 자극과 환경에 따라 감정이 변한다 하여 이르는 말.

□ **사랑은 내리 사랑**
웃 사람이 아랫 사람을 사랑하기는 쉬워도 아랫 사람이 웃 사람을 사랑하기는 어렵다는 말.

□ **사시나무 떨듯 한다**
몸을 벌벌 떤다는 뜻.

□ **사위는 백년 손이요 며느리는 종신 식구라**
사위와 며느리는 남의 자식으로 자기 자식 뻘이나 사위는 끝끝내 남의 집 식구로 항상 어렵고 며느리는 자기 식구라는 말.

□ **사자밥 싸 가지고 다닌다**
사람은 언제 어디서 죽을지 모른다는 말.

□ **사탕발림**
얕은 속임수로 겉만 그럴 듯하게 잘 꾸민다는 뜻.

□ **사흘 굶어 담 아니 넘을 놈 없다**

아무리 착하고 어진 사람일지라도 굶주리면 마음이 변
하여 나쁜 짓도 하게 된다는 뜻.

□ 산 개가 죽은 정승보다 낫다
아무리 천한 신분으로 지내더라도 사는 것이 죽는 것
보다 나은 것이니 비관하지 말고 살아가라는 뜻.

□ 산 사람의 목구멍에 거미줄 치랴
사람이 아무리 가난하더라도 먹고 살아 갈 수 있다는
뜻.

□ 산속에 있는 열 놈의 도둑은 잡아도 제 맘속에 있는 한 놈의 도둑은 못 잡는다
사람은 자기 마음 속에 좋지 못한 생각을 스스로 고치
기가 매우 힘들다는 뜻.

□ 사십에 첫 버선
나이 들어 처음으로 일다운 일을 하게 되었다는 뜻.

□ 산소등에 꽃이 피었다
선영[조상의 산소가 있는 곳]에 꽃이 피면 자손이 잘
된다는 말에서, 부귀공명을 이룩한 사람에게 축하로
하는 말.

□ 산에 가야 범을 잡지
발 벗고 나서야 비로소 성공할 수 있다는 뜻.

□ 산에서 물고기 잡기
도저히 불가능한 일을 하려는 어리석음을 이름.

□ 산은 오를수록 높고 물은 건널수록 깊다
어려운 일을 당할 때 갈수록 점점 더 어렵고 곤난한 일
만 생긴다는 말.

소 귀에 경읽기

□ 산이 높아야 골이 깊다

원인이나 조건이 갖추어져야 일이 이루어진다는 뜻.

□ 산전 수전 다 겪었다

세상의 모든 일을 골고루 겪어서 무슨 일이나 노련하
다는 뜻.

□ 산지기가 놀고 중이 추렴을 낸다

자기분수를 잃는다는 뜻. 즉 자기의 처지를 잊고서 못
된 짓을 함.

□ 산 호랑이 눈썹

도저히 얻을 수 없는 것을 얻으려 하는 것.

□ 살 갑기는 평양 나막신

몸은 남보다 작아도 음식은 더 많이 먹는다는 것.

□ 살강 밑에서 숟가락 얻었다

아주 쉬운 일을 하고 자랑한다는 뜻. 헛 좋아한다는
뜻.

□ 살림에는 눈이 보배라

살림을 알뜰하게 잘 하려면 눈으로 모든 것을 잘 보아
야 한다는 말.

□ 살얼음을 밟는 것 같다

위태 위태하여 마음이 불안할 때 쓰는 말.

□ 살은 쏘고 주워도 말은 하고 못 줍는다

화살은 쏘더라도 다시 찾을 수 있으나 한번 한 말은 수
습할 수 없다는 뜻. 즉 말을 삼가해야 한다는 것.

□ 살점을 베어주고 싶다

어떤 사람에게 반하게 되면 무엇이나 아낌없이 다 주고 싶다는 말.

□ 살찐 놈 따라 붓는다
남의 일을 억지로 흉내 낸다는 것.

□ 삼각산 바람이 오르락 내리락
제멋대로 행동하는 것.

□ 삼단 같은 머리
머리 숱이 많고 길이가 긴 머리를 말함.

□ 삼십육계에 줄행랑이 으뜸
곤난할 때는 도망하여 화를 피하는 것이 가장 좋다는 뜻.

□ 삼천 갑자 동방석이도 자기가 죽을 날은 몰랐다
사람은 누구나 언제 어디서 자기가 어떻게 될 것인지 알 수 있는 이가 없다는 말.

□ 상감님 망건 사러가는 돈도 써야 하겠다
나중에는 어떻게 되든 우선 급한 일을 먼저 한다는 말.

□ 상 뒷술로 벗 사귄다
남의 집 음식으로 자기의 친구를 대접한다는 말로, 염치없는 사람을 이름.

□ 상돗군은 연포국에 반한다
어떠한 천한 일에도 다 자기에 알맞는 취미가 있다는 것.

□ 상시에 먹은 마음 취중에 나타난다.
술에 취하면 평소에 마음먹었던 일이 자기도 모르게

나타난다는 뜻.

☐ 상제보다 복재기가 더 서러워한다
어떤 일이 있을 때 본인보다 제3자가 더 걱정한다는
뜻.

☐ 상좌 중이 많으면 가마 솥을 깨뜨린다
일을 하는데 부질없이 간섭하는 사람이 많으면 오히려
해롭다는 뜻.

☐ 상투가 국수버섯 솟듯한다
스스로 자기를 어른이라고 뽐내는 사람을 말함.

☐ 새까먹은 소리
근거 없는 말을 듣고 잘못 옮긴 헛소문.

☐ 새남터를 나가도 먹어야 한다
곧 죽게 된 경우에도 먹어야 한다 함이니, 어떤 경우에
든 든든히 먹고 기운을 내야 한다는 말.

☐ 새도 가지 가려가며 앉는다
친구를 사귀는데 있어서 사람을 택하여 사귀어야 한다
는 뜻.

☐ 새도 앉는 곳마다 깃이 떨어진다
이사를 자주하면 세간이 줄어들기 때문에 이사는 되도
록 하지말라는 것.

☐ 새 발의 피
분량이 매우 적다는 말.

☐ 새벽달 보려고 초저녁부터 기다린다
일을 너무 서두를 때 쓰는 말.

□ 새앙쥐 입가심 할 것 없다
　몹시 가난하다는 뜻.

□ 새우로 잉어를 낚는다
　적은 밑천으로 큰 이득을 본다는 것.

□ 새우 싸움에 고래등 터진다
　남의 싸움에 아무 관계 없는 사람이 해를 입는다는 뜻.

□ 새 바지에 똥 싼다
　염치없는 짓을 하는 사람을 말함.

□ 새침떼기 골로 빠진다
　외양도 점잖고 말도 잘 않는 사람이 한번 잘못 길을 들
　면 보통 다른 사람보다 더욱 난잡해진다는 뜻.

□ 새벽 달 보려고 어스름 달 안 보랴
　아직 당하지 않은 미래를 일만 믿고 지금 당장의 일을
　무시할 수 없다는 말.

□ 새벽 호랑이는 중이나 개를 헤아리지 않는다
　다급할 때까지는 무엇이고 헤아리지 않는다는 뜻.

□ 색시 그루는 다홍치마 적에 앉아야 한다
　새며느리는 데려올때 바로 법을 세워야 한다는 뜻.

□ 샛바람에 게눈 감듯
　날이 잘 가뭄을 말함.

□ 샛바리 집바리 나무란다
　서로가 큰 차이 없는데 남을 나무랜다는 뜻.

□ 생마 갈기 외로 길지 바로 길지

세살 버릇 여든까지 간다

말새끼의 갈기가 좌우 어느 쪽으로 자랄 수 있는지 모르듯, 사람이 착하게 되고 나쁘게 됨은 어렸을 때부터 분간할 수 없다는 뜻.

□ **생일날 잘 먹으려고 이레를 굶을까**

어떻게 될지도 모를 앞일만 바라보고 현재 일을 소홀히 할 수 없다는 말.

□ **서당개 삼년에 풍월을 한다**

무슨 일 하는 것을 오래 보고 듣게 되면 자연히 무식한 사람도 견문이 생긴다는 말.

□ **서리 맞은 구렁이**

① 행동이 몹시 느리고 하는 일에 힘이 없는 사람. ② 세력이 줄어들어 희망이 없다는 뜻.

□ **서발 막대 거칠 것 없다**

가난하여 아무런 세간도 없다는 것.

□ 서울 가서 김서방 찾기
잘 알지도 못하면서 막연한 것을 무턱대고 찾아다닌다
는 뜻.

□ 서울 소식은 시골 가서 들어라
가까운 곳의 일은 잘 모르지만 먼데 일은 잘 알고 있다
는 말.

□ 서울이 무섭다니까 남태령부터 긴다
남태령은 옛날 서울 남쪽 10리 지점에 있던 고개 이름
인데, 지나치게 겁을 먹고 미리부터 서두른다는 말.

□ 서캐 훑듯 한다
하나도 빠뜨리지 않고 샅샅이 뒤지며 조사한다는 뜻.

□ 서투른 무당이 장고만 나무랜다
기술이 부족한 사람이 자기 능력을 모르고 도구만 탓
한다는 것. 서투른 목수가 피나무 안반만 나무랜다.

□ 석새 짚신에 구슬감기
차림이 어울리지 않는 것.

□ 선무당이 사람 잡는다
잘 알지도 못하고 익숙치 못하면서 아는 체 하다가 일
을 못쓰게 그리칠 때 쓰는 말.

□ 선불 맞은 호랑이 뛰듯
노기가 뻗쳐 몹시 날뛰는 것.

□ 선 손질 후 방망이
남을 먼저 해치면 자기는 나중에 더 큰 해를 입는다는
뜻.

□ 선전 시정의 비단 감듯한다
무엇이든지 잘 받아들이는 사람.

□ 섣달이 둘이라도 시원치 않다
시일을 아무리 연기시켜도 성공할 수 없다.

□ 설마가 사람 잡는다
설마 그럴리야 없겠지 하고 속으로 믿고 있던 일에 큰
낭패를 본다는 뜻.

□ 설 삶은 말대가리
고집이 세고 멋대가리 없는 사람을 말함.

□ 섬 진 놈 벽 진 놈
어중이 떠중이를 말함.

□ 성인도 시속을 따른다
사람은 누구나 세상 일에 임기응변(臨機應變)을 하며
산다는 뜻.

□ 성인도 하루에 죽을 말을 세번 한다
아무리 훌륭한 사람도 실수는 하는 법이라는 뜻.

□ 섶을 지고 불에 들어가려 한다
자기가 짐짓 그릇된 짓을 하여 화를 더 얻으려 한다는
뜻.

□ 세살 버릇 여든까지 간다
어릴 때 몸에 젖은 버릇은 늙도록 고치기 힘들다는 뜻.

□ 세월아 좀 먹어라
세월이 가지 말라는 뜻으로 무엇을 더디 할 때 이르는
말.

□ 세월이 약(藥)

크게 마음을 상하여 애통해하던 일도 오랜 세월이 흐르면 잊어버리게 된다는 말.

□ 세잎 주고 집 사고, 천냥 주고 이웃 산다

집을 새로 사서 살려면 먼저 그 이웃이 좋은 것을 보고 살라는 말.

□ 세 좋아 인심 얻으랴

세력이 있음을 나쁘게 사용하지 말고 좋은 일을 하라는 뜻.

□ 소같이 먹는다

엄청나게 많이 먹는다는 것.

□ 소같이 벌어서 쥐같이 먹어라

써버리기는 쉬우니 수고하여 벌고 아껴서 쓰라는 뜻.

□ 소경 보고 눈 멀었다하면 노여워 한다

누구나 자기 결점을 들어 지적하면 싫어 한다는 뜻.

□ 소경 기름 값 내기

속도 모르고 남이 하는데로 따라하는것.

□ 소경 매질하듯

옳고 그름을 헤아리지 못하고 일을 함부로 처리하는 것.

□ 소경이 개천 나무란다

자기 잘못은 생각하지 않고 남을 원망한다는 뜻.

□ 소경 잠 자나 마나

무엇을 하기는 하지만 하지 않는 것과 꼭 같다는 말.

시장이 반찬이라

□ 소경 제 닭 잡아 먹기

어리석은 사람이 이익을 얻은 줄로 알았으나 알고 보니 결과적으로는 자신의 손해였다는 말.

□ 소 궁둥이에 꼴 던진다

몹시 어리석은 사람은 아무리 깨우쳐 주어도 효과가 없다는 말.

□ 소금 먹은 놈이 물 켠다

죄를 지은 사람은 마땅히 벌을 받고 빚진 사람은 반드시 갚게 된다는 말.

□ 소금 먹은 소 우물 들여다보듯

무슨 일을 함에 있어 골똘히 생각하는 것.

□ 소금이 쉰다

그럴 리가 없다는 말.

□ 소나기 삼 형제

소나기는 반드시 사흘을 두고 세번 온다는 이야기.

□ 소더러 한 말은 안 나도 처(妻)더러 한 말은 난다
사람에게 한 말은 언제든지 들어 나고야 만다는 뜻.

□ 소도 언덕이 있어야 비빈다
누구나 성공하려면 먼저 의지할 데가 있어야 한다는 말.

□ 소똥에 미끄러져 개똥에 코 박은 셈이다
대단치 않은 일에 계속 실수를 하여 어이가 없고 기가 막힐 때 쓰는 말.

□ 소문난 잔치에 먹을 것 없다
좋다고 소문난 것이 오히려 실제와 같지 않을 때 쓰는 말.

□ 소매가 길면 춤을 잘 추고 돈이 많으면 장사를 잘 한다
뒤가 든든해야 성공하기 쉽다는 말.

□ 소불알 떨어지면 구워 먹기
언제 될는지도 모를 일을 한없이 기다린다는 뜻.

□ 소뿔은 단 김에 빼라
무슨 일이든지 시작하여 열이 나는 그 당장에 다해 버려야 좋다는 말.

□ 소 잃고 외양간 고친다
이미 일을 그르친 뒤에 뉘우쳐도 소용이 없다는 뜻이니 평소에 대비를 기하라는 뜻.

□ 소잡은 터전은 없어도 밤 벗긴 자리는 있다
나쁜 일은 조그마한 일이라도 드러난다는 말.

□ 소털 같이 허구한 날
많은 나날이라는 뜻.

□ 속빈 강정
속에는 아무 실력도 없으나 겉만 번지르르 하다는 말.

□ 손에 붙은 밥 먹지 아니할까
자기의 행동을 감추려 한다는 뜻.

□ 손톱 여물을 썰다
무슨 일에 큰 걱정을 하며 혼자서만 끙끙 앓는다는 말.

□ 송곳 거꾸로 꽂고 발 끝으로 차기
어리석은 사람이 화를 스스로 불러들인다는 뜻.

□ 송곳도 끝부터 들어간다
무슨 일이든 순서가 있다는 말.

□ 송곳 모로 박을 곳도 없다
① 어떤 곳이 대만원이라는 뜻. ② 자기 땅이 조금도 없다는 말. 송곳 박을 땅도 없다.

□ 송도 계원
조그마한 지위나 세력을 믿고 남을 멸시한다는 뜻.

□ 송도 오이장수
헛수고만 해서 일을 낭패 당한 사람을 말함.

□ 솥 떼어 놓고 삼년이다
오랫동안 결정을 못 짓고 우물쭈물한다는 뜻.

□ 솥에 넣은 팥이라도 익어야 하지
　일을 너무 서두르면 안 된다는 뜻.

□ 솥은 부엌에 놓고 절구는 헛간에 놓아야 한다
　지위나 능력에 따라 알맞는 자리에 있어야 한다는 뜻.

□ 쇠가죽 무릅쓰다
　부끄러움이나 체면을 돌보지 않는다는 뜻.

□ 쇠가 쇠를 먹고 살이 살을 먹는다
　친족이나 동류(同類)끼리 서로 다투는 것을 이름.

□ 쇠라도 맞 부딪쳐야 소리가 난다
　한쪽이 가만히 있으면 절대 싸움이 일어나지 않는다는
　말.

□ 쇠털같이 많다
　세월이 아주 많고 얼마든지 기회가 있다는 뜻.

□ 수구문 차례
　여럿이 모여 술 마실때 나이많은 사람에게 먼저 술잔
　이 가는 것.

□ 수레 위에서 이를 간다
　이미 시기가 늦은 후에 남을 원망한다는 말.

□ 수박 겉 핥기
　내용이나 참 뜻을 알지 못하고 일하고 있음을 말함.

□ 수양 딸로 며느리 삼기
　몹시 하기 쉬운 일을 말함.

□ 수양산 그늘이 강동(江東) 팔십리를 간다

소 잃고 외양간 고친다

어떤 한 사람이 잘 되어 기세가 좋으면 그의 친척이나 친구들이 그 덕을 입게 된다는 말.

□ 수염이 석자라도 먹어야 양반

사람은 먹는 것이 제일 중요하는 뜻.

□ 순천자(順天者)는 존재하고 역천자(逆天者)는 망한다

운명을 달게 받고 고생을 참아 나가야 잘 된다는 뜻.

□ 술 덤벙 물 덤벙

모든 일에 가볍게 날뛴다는 뜻. 침착하지 못하고 이것 저것 가리지 않는다는 말이다.

□ 술 익자 체 장수 간다

일이 우연히 순조롭게 되어감을 비유한 말.

□ 숭어가 뛰니까 망둥이도 뛴다

잘나고 훌륭한 사람의 행동을 못난자가 그대로 모방하
여 분에 넘치는 일을 하려고 애쓴다는 뜻.

□ 승(勝)하면 충신 패(敗)하면 역적
　　이기면 충신이 되고 지면 역적이 된다는 말..

□ 시골놈이 서울놈 못 속이면 보름씩 배를 앓는다
　　시골사람이 서울사람을 더 잘 속인다는 뜻.

□ 시러베장단에 호박국 끓여 먹는다
　　실없는 짓으로 엉뚱한 일을 저지른다는 뜻.

□ 시렁 눈 부채 손
　　아는 것은 많지만 수단이 서툴다는 뜻.

□ 시세도 모르고 값을 놓는다
　　물건의 귀하고 천함도 모르면서 평가한다는 뜻.

□ 시시덕이는 재를 넘어도 새침데기는 골로 빠진다
　　언뜻 보기에 떠드는 사람보다 겉으로 점잔을 빼는 사
　　람이 때로는 더 악한 짓을 한다는 뜻.

□ 시어머니 오래 살다가 며느리 환갑날 국수 양푼
에 빠져 죽는다
　　너무 오래 살다가 못할 일을 한다는 말.

□ 시어머니 죽으라고 축수하였더니 보리방아 물 부
어 놓고 생각한다
　　자기가 싫어하고 미워하던 사람이나 물건일지라도 막
　　상 없어지면 아쉽고 생각나는 때가 있다는 말.

□ 시원찮은 귀신이 사람 잡아간다
　　미련하고 못난 것 같이 보이는 사람이 도리어 큰 사건

을 일으킨다는 뜻.

□ 시작이 반이다

어떤 일이라도 그 일의 시작이 어렵지 시작하기만 하
면 성공의 가능성이 반쯤은 보인다는 뜻.

□ 시장이 반찬이라

배가 고프면 무엇이든지 다 맛이 있다는 말.

□ 시주 하라 하면 발 뒤축이 아프다 한다

무슨 일인가 시키면 핑계를 대고서 하지 않는다는 말.

□ 시주님이 잡수셔야 잡수셨나 하지

일이 이루어져야 비로소 되었는가 하지, 장래 일은 예
측할 수 없다는 뜻.

□ 시집도 가기 전에 기저귀 마련한다

일을 너무 일찍 서두른다는 말.

□ 시집 밥은 살이 찌고 친정 밥은 뼈살이 찐다

시집살이 하는 것보다 친정에서 살면 더 편하고 좋다
는 말.

□ 식은 죽 먹기

아주 하기 쉽다는 말.

□ 신 벗고 따라도 못 따른다

온힘을 다하여도 도저히 다다르지 못한다는 말.

□ 신선 놀음에 도끼자루 썩는 줄 모른다

재미 있는 일에 온 정신이 팔려 시간 가는 줄 모르고
일의 형편도 모른다는 말.

□ 신작로 닦아 놓으니까 문둥이가 먼저 지나간다

애를 써서 한 일을 아무 관계없는 자가 그르쳐 보람이
없이 되었다는 말.

□ 신주 개 물려 보내겠다
하는 짓이 칠칠찮고 흐리터분한 것.

□ 실날같은 목숨
실날같이 가냘픈 목숨이란 뜻.

□ 싫은 매는 맞아도 싫은 음식은 못 먹는다
무슨 짓이고 할 수 있더라도 구미에 맞지않는 음식은
먹지 못하겠다는 뜻.

□ 심사가 놀부라
본성이 아름답지 못하고 탐욕을 일삼으며 사사건건 심
술을 부리는 사람을 말함.

□ 심사는 좋아도 이웃집 불 붙는 것 보고 좋아한다
남의 불행을 보고서 기뻐하는 것.

□ 심심하면 좌수 볼기 때린다
공연히 아랫사람이나 죄 없는 사람을 괴롭힌다는 뜻.

□ 십년 공부 나무아미 타불
오랜 시일을 두고 노력해 온 일이 하루 아침에 허사로
돌아갔을때 쓰는 말.

□ 십년 세도(十年勢道)없고 열흘 붉은 꽃 없다
부귀 영화는 오래 계속되지 못한다는 뜻.

□ 십년을 같이 산 시어미 성(姓)도 모른다
사람은 흔히 가까운 일에 관심을 두지 않아 모르고 지
내는 수가 많다는 말.

□ 십년이면 강산(江山)도 변한다
  십년 동안에는 세상에 변하지 않는 것이 없다는 말.

□ 십리가 모래바닥이라도 눈 찌를 가시나무 있다
  친한 친구 가운데도 원수가 있다는 말.

□ 십리도 못가서 발병 난다
  무슨 일이 얼마가지 않아서 탈이 생긴다는 뜻.

□ 싸움은 말리고 흥정은 붙이랬다
  나쁜 일은 하지 못하도록 말리고, 좋은 일은 하도록 권
  함이 옳다는 말.

□ 쌀에 가서 밥 달라고 한다
  성질이 몹시 급하다는 뜻.

□ 싹수가 노랗다
  일의 시초부터 어긋나 이루어질 가망이 아주 적다는
  뜻.

□ 싼 것이 비지 떡
  값이 싼 물건은 당연히 그 품질도 나쁘다는 뜻.

□ 쌀 고리에 닭이라
  소문도 없이 갑자거 부자가 됨을 비꼬는 말.

□ 쌀광에서 인심 난다
  자기가 넉넉해야 남에게 인심 쓰고 도와 줄 수도 있다
  는 말.

□ 쌈지 돈이 주머니 돈
  돈이 쌈지에 들어 있거나 주머니에 들어 있거나 다 내
  것이라는 뜻.

□ 쌍가마 속에도 설움은 있다
아무리 남 보기에는 좋은 듯 해도 사람은 누구나 저 마
다 걱정과 설움이 있다는 말.

□ 쌍지팡이 짚고 나선다
기를 쓰고 못하게 말린다는 말.

□ 썩어도 준치
값어치가 있는 물건은 썩거나 헐어도 어느정도 본래의
값을 지니고 있다는 말.

□ 쓰다 달다 말이 없다
아무런 반응이나 의사표시가 없다는 것.

□ 쓰러져 가는 나무는 아주 쓰러뜨려라
무너져가는 일은 없애고 새 일을 용기있게 다시 시작
하라는 뜻.

□ 쓰면 뱉고 달면 삼킨다
신의를 생각하지 않고 자기에게 이익이 되는 일은 취
하고 그렇지 않으면 버린다는 뜻.

□ 쓴 배도 맛들일 탓
모든 일의 좋고 나쁨은 그 일을 하는 사람의 주된 생각
에 달렸다는 뜻. 쓴 외도 맛 들일 탓.

□ 쓸 듯한 나무는 먼저 찍어간다
재주있는 사람이 요절했을때 그를 탄식하는 말.

□ 씨 뿌린 자는 거두어야 한다
원인을 만든 사람이 결과를 책임져야 한다는 뜻.

아

□ **아끼는 것이 찌로 된다**

　물건을 아끼고 쓰지 않으면 쓸모없는 것이 되고 만다
는 뜻.

□ **아내가 귀여우면 처가집 말뚝 보고도 절한다**

　아내가 귀여우면 그의 주위에 있는 모든 것이 고맙게
보인다는 말.

□ **아내 나쁜 것은 백년 원수, 된장 신 것은 일년 원
수**

　아내를 잘못 맞으면 자기 일평생을 그르치게 된다는
말.

□ **아내 없는 처가집 가나 마나**

　목적하는 것이 없는 데는 갈 필요도 없다는 말.

□ **아는 것이 힘 배워야 산다**

　세상을 잘 살아 나가려면 반드시 배워야 한다는 뜻.

□ **아는 게 병이다**

알고는 있어도 똑바로 알고 있지 못하기 때문에 그 지식이 오히려 걱정거리가 된다는 말.

□ 아는 길도 물어 가라
아무리 쉬운 일도 물어서 해야 모든 일이 틀림이 없다는 말.

□ 안 되는 놈의 일은 뒤로 자빠져도 코가 깨진다
일이 안 될 때에는 예측하지 못할 뜻밖의 재화까지도 일어난다는 말.

□ 아니 땐 굴뚝에 연기 날까
원인이 없으면 결과도 없다는 뜻.

□ 아닌 밤중에 홍두깨
별안간 불쑥 내놓는다는 뜻.

□ 아랫 돌 빼서 웃 돌 괴기
그때 그때 임시 이리저리 돌려서 겨우 유지하여 가는 것을 뜻함.

□ 아무리 바빠도 바늘 허리 매어 쓰지 못한다
아무리 급한 일이라도 순서와 격식을 어기고 할 수는 없다는 말.

□ 아무리 쫓겨도 신발 벗고 가랴
아무리 쫓기는 입장이라도 체면 차릴 것은 차려야 한다는 말.

□ 아버지는 아들이 잘났다고 하면 기뻐하고, 형은 아우가 더 낫다고 하면 노한다
부모는 자식이 자기보다 낫다고 하면 기쁘지만 형제 사이는 그렇지 않다는 말.

□ 아비만한 자식 없다
자식이 아무리 훌륭하게 되었더라도 그 아버지만은 못
하다는 말.

□ 아이 낳는데 속옷 벗어 달랜다
남은 바쁜데 부당한 청을 한다는 뜻.

□ 아이도 사랑하는 데로 붙는다
사람은 누구나 정을 많이 주는 데로 따라 간다는 뜻.

□ 아이들이 아니면 웃을 일이 없다
아무리 우울하고 걱정이 있어도 순진하고 귀여운 아이
들이 집안을 즐겁고 명랑하게 하여 웃게 되는 것을 말
함.

□ 아이를 예뻐하면 옷에 똥칠을 한다
어리석은 사람과 사귀어 친하게 다니면 이로움보다 자
기에게 손해되는 일만 생긴다는 뜻.

□ 아이 못 낳는 계집이 밤마다 용꿈 꾼다
하나도 실행을 못하는 사람일수록 쓸데 없이 환상이
많은 것을 비유한 말.

□ 아이 보는 데는 찬물도 못 먹는다
아이들이 보는 데서는 행동을 삼가해야 한다는 뜻.

□ 아이 손님이 더 어렵다
철 없는 어린이라고 조금이라도 섭섭하게 대하면 남의
사정을 이해 못하고 나쁘다 할 것이니 아이 손님을 조
심하라는 말.

□ 아쉬운 감장수 유월부터 한다
돈이 아쉬워서 물건답지 않은 것을 미리 판다는 뜻.

□ 아쉬워 엄나무 방석이라
어쩔 수 없이 당한 일이라는 뜻.

□ 아이 싸움이 어른 싸움 된다
처음에는 아이들끼리 싸우는데 결국 어른들까지 시비
를 하게 된다는 말.

□ 아이 자라 어른 된다
불완전한 것이 차차 성장하여 완전한 것이 된다는 말.

□ 아저씨 아저씨하고 길짐만 지운다
입으로는 그 사람을 잘 대우하는 척하면서 이용만 한
다는 뜻.

□ 아주머니 떡도 싸야 사 먹지
어떤 경우에도 사람은 자기의 이익을 생각한다는 뜻.

□ 아주까리 대에 쥐참외 달리듯
가볍게 대롱대롱 매달린 것을 말함.

□ 아침 노을 저녁 비요 저녁 노을 아침 비다
아침에 노을이 서면 저녁에 비가 오고 저녁에 노을이
서면 아침에 비가 온다는 뜻.

□ 아침 안개가 중 대가리 깬다
아침에 안개가 긴 날은 낮에는 중의 머리를 깰 정도로
햇빛의 열기가 장하다는 말.

□ 아침에 까치가 울면 좋은 일이 있고, 밤에 까마
귀가 울면 큰 변이 있다
아침에 까치가 울면 반가운 손님이 오거나 기쁜 소식
이 있고, 밤에 까마귀가 울면 불행한 일이 생긴다 하여
이르는 말.

어느 집 개가 짖느냐 한다

□ 악으로 모은 살림 악으로 망한다

나쁜 짓을 하여 모은 재산은 오래 가지를 못하고 자기
에게 해를 끼치게 된다는 말.

□ 안 되면 산소 탓

자기 잘못을 남에게 전가 한다는 말.

□ 안 먹는다고 침뱉은 물 돌아서서 다시 먹는다

두번 다시 보지 않을 것처럼 혹독하게 하였으나 후일
에는 어려운 부탁을 하게 되는 것이 세상살이니 누구
에게나 좋게 대하라는 뜻.

□ 안방에 가면 시어머니 말이 옳고, 부엌에 가면
며느리 말이 옳다

옳고 그름을 판단 하기가 매우 어렵다는 말.

□ 안벽 치고 바깥벽 친다

이편과 저편을 오가면서 이렇게 말하고 저렇게 말하며
두 사이를 이간을 붙인다는 말.

□ 안성 마춤

무슨 일이 꼭 들어 맞을 때 쓰는 말.

□ 안주 안 먹으면 사위 덕 못 본다

안주 없이 술을 마시면 더욱 취하므로 그것을 경계하
기 위하여 하는 말.

□ 알기는 태주 같다

극히 총명하다는 뜻.

□ 알던 정 모르는 정 없다

공부를 하는데는 사정이 없어야 한다는 뜻.

□ 앉아 주고 서서 받는다
돈을 한번 꾸어주면 그것을 다시 받기가 매우 어렵다
는 말.

□ 앉은뱅이 무엇 자랑하듯
별로 자랑할 것도 없는 사람이 큰소리 친다는 뜻.

□ 앉은뱅이 앉으나 마나
하나마나 마찬가지라는 뜻.

□ 앉은뱅이 용 쓴다
불가능한 일을 두고 애만 쓴다는 뜻.

□ 앉은자리에 풀도 안 나겠다
사람이 너무 깔끔하고 매서울만큼 냉정하다는 뜻.

□ 앉은 장사 선 동무
보고들은 것이나 교제 범위가 좁고 세상 물정에 어두
워 손해만 보는 것.

□ 앓느니 죽지
자기가 수고를 하지 않으려고 남을 시켜서 시원치 않
게 일을 하느니 보다는 당장에 힘이 들더라도 자기가
직접 해치우는 편이 낫겠다고 할 때 이르는 말.

□ 앓던 이 빠진 것 같다
지극히 걱정스럽던 일이 없어져 시원하다는 뜻.

□ 암탉이 울면 집안이 망한다
집 안에서 남편보다 부인이 기승하여 떠들고 간섭하면
집안 일이 잘 되지 않는다고 하는 말.

□ 앞 길이 구만리 같다

뜻한 바를 이루려면 아직도 멀었다는 뜻.

□ 앞에서 꼬리치는 개가 후에 발 뒤꿈치 문다
앞에서는 좋은 말만하여 비위를 맞춰주는 사람이 보이
지 않는데서는 도리어 험담을 하고 모해를 한다는 뜻.

□ 앞집 처녀 믿다가 장가 못 간다
남은 생각지도 않는 일을 자기 혼자만이 지레 짐작으
로 믿고만 있다가 낭패를 본다는 뜻.

□ 애호박에 말뚝 박기
버릇이 없고 매우 심술궂은 짓을 한다는 뜻.

□ 약과는 누가 먼저 먹을는지
약과는 제사에 쓰는 물건인데, 나와 너는 누가 명이 짧
을지 모른다는 뜻.

□ 약싹빠른 고양이 밤 눈 어둡다
매우 영리하여 전연 실수가 없을 것 같으나 역시 사람
이므로 부족하여 어두운 점이 있다는 말.

□ 약방에 감초(甘草)
어떤 일이든지 빠짐없이 참석하는 사람을 말함.

□ 약질이 살인 낸다
약한자가 뜻밖에 엄청난 일을 할 때 쓰는 말.

□ 양미간(兩眉間)이 넓으면 소견이 티었다
두 눈썹 사이가 넓은 사람은 마음이 너그럽고 시원스
럽다는 뜻으로 하는 말.

□ 양반은 죽어도 문자(文字) 쓴다
양반은 위급한 경우를 당해도 문자를 쓴 다는 말.

□ 양지가 음지 되고 음지가 양지 된다
　세상 일이 번복이 많다는 뜻.

□ 얕은 내도 깊게 건너라
　모든 일은 언제나 조심해서 하라는 뜻.

□ 어깨가 귀를 넘을 때까지 산다
　한가지 일도 못해놓고 오래 살기만 한다는 뜻.

□ 어깨 너머 글
　남이 배우는 옆에서 얻어 들어 배운 글이라는 뜻.

□ 어느 구름에서 비가 올지
　일의 결과는 미리 알 수 없다는 말.

□ 어느 귀신이 잡아 가는지 모른다
　아무도 모르게 잡아간다는 뜻.

□ 어느 장단에 춤 추랴
　한가지 일을 하는데 참견하는 사람이 많아 어느 말을
　쫓아야 하고 어떻게 해야 할는지 모르겠다는 말.

□ 어느 집 개가 짖느냐 한다
　남이 하는 말을 듣는 척도 하지 않는 것.

□ 어느 바람이 들이 불까
　자기가 할 힘이 있으니 조금도 걱정말라고 장담할때
　쓰는 말

□ 어둔 밤에 눈 끔적이기
　남을 위해 일해도 그 사람이 고맙게 여기지 않는다는
　뜻. 또 남이 보지못하는 데서 하는 일은 아무런 효과가
　없다는 뜻.

옷이 날개라

□ **어둔 밤에 등불**
아주 요긴한 것을 말함.

□ **어르고 뺨 치기**
거짓으로 위하는 체 하면서 마침내는 해롭게 한다는 뜻.

□ **어린 아이 가진 떡도 뺏어 먹겠다**
염치없는 사람이 치사한 행동을 함을 비웃는 말.

□ **어린 아이 말도 귀담아 들어라**
아무리 어린 아이 말일지라도 헛되게 듣지 말라는 뜻

□ **어린 아이와 개는 괴는 데로 간다**
어린이와 개는 귀여워하는 사람을 따른다는 뜻.

□ **어린 아이 매도 많이 맞으면 아프다**
조그마한 손해도 여러번 당하면 큰 손해가 된다는 말.

□ 어물전 떠 엎고 꼴뚜기 장사한다
큰 사업에 실패하고 작은 사업을 시작한다는 뜻.

□ 어물전 망신은 꼴뚜기가 시킨다
못난 것일수록 그와 같이 있는 동료를 망신시킨다는
말.

□ 어설픈 약국이 사람 죽인다
잘 알지도 못하고 능숙 하지도 못하면서 아는체 하며
일을 하다가 아주 못 쓰게 그르쳐 버릴 경우에 쓰는
말.

□ 어장이 안 되려면 해파리만 모여든다
바라는 일은 안되고 엉뚱한 일만 생긴다는 뜻.

□ 어제 보던 손님
낯이 익다는 뜻.

□ 어지간해야 생원님하고 벗하지
도저히 함께 어울릴 수 없다는 뜻.

□ 어질병이 지랄병 된다
작은 일도 큰 일이 된다는 뜻.

□ 억지가 사촌보다 낫다
남에게 의지하는 것보다는 억지라도 자기 힘으로 하는
게 좋다는 말.

□ 억지 춘향이
사리(事理)에 맞지 않아서 될 수 없는 일을 억지로 할
때 쓰는 말.

□ 언 발에 오줌 누기

잠시 동안의 효력어 있을 뿐 곧 그 효력이 없어지고 마
침내 더 나쁘게 될 일을 한다는 말로 앞일을 내다보지
못함을 말함.

□ 언 소반 받들 듯
조심조심하며 삼가한다는 뜻.

□ 언 손 불기
부질없다는 뜻.

□ 언수탉 같다
몰골이 초췌하여 한 구석에 쭈그리고 있는 모양을 말
함.

□ 얻기 쉬운 계집 버리기도 쉽다
쉽게 얻은 것은 또한 버리기도 쉽다는 뜻.

□ 얻어 들은 풍월(風月)
정식으로 배우지 못하고 자주 들어서 얻은 지식을 말
함.

□ 얼굴 값을 한다
얼굴이 잘 생긴 만큼 일을 한다는 뜻.

□ 얼굴에 똥칠 한다
명예스럽지 못한 짓을 한다는 뜻.

□ 얼굴에 모닥불을 담아 붓 듯
매우 부끄럽다는 뜻.

□ 얼러 키운 호로자식
자기만 잘난 듯이 행동이 교만하고 버릇이 없는 사람
을 뜻함.

□ 얼음판에 넘어진 황소 눈 같다

놀라서 눈을 크게 뜬 것을 이름.

□ 얼르고 뺨 친다

겉으로는 잘해 주는 체하고 속으로는 도리어 해칠 생
각을 가졌다는 말.

□ 얽은 구멍에 술기 든다

겉모습만 보고서 사람을 평가하면 안 된다는 뜻.

□ 엄벙덤벙 하다가 물에 빠졌다

아무 곡절도 모르고 덤볐다가 낭패를 보았다는 말

□ 업은 아기 삼이웃 찾는다

몸에 지닌 것을 딴 곳에 가서 찾는다는 뜻.

□ 업은 손자 환갑 닥치겠다

꾸물거리고 급한 줄을 모른다는 뜻.

□ 업족제비가 발랭기를 탔다

집안 일이 뒤틀어졌을때 하는 말. 발랭기는 비행기라
는 뜻이다.

□ 없은 놈이 자 두치 떡을 즐겨한다

그런 힘이 없으면서도 사치스럽고 큰 것만 바란다는
뜻.

□ 없어 비단 옷

여유가 있어 비단옷을 입는 것이 아니라 입을 옷이 없
어서 입었다는 뜻.

□ 없으면 제 아비 제사도 못 지낸다

집이 워낙 가난하면 아무리 소중한 일이라도 돈이 □

는 일은 할 수 없다는 말.

□ **엉덩이에 뿔이 났다**
아직 자립할 처지가 안 된 사람이 남의 가르침을 듣지
않고 빗나감을 말함.

□ **엎드리면 코 닿을 데**
거리가 아주 가까운 데를 말함.

□ **엎드려 가는 놈 꼭 뒤찬다**
곤궁한데 더욱 곤궁하게 만든다는 뜻.

□ **엎어지면 곱드러진다**
급히 도망치려다가 자꾸 넘어진다는 뜻.

□ **엎으러진 김에 쉬어 간다**
뜻하지 않은 좋은 기회를 만나 자기가 하려고 하던 일
을 이룬다는 뜻.

□ **엎지른 물**
한번 저지른 실수는 다시 수습할 길이 없다는 뜻.

□ **엎친 데 덮친다**
불행이 거듭 생김을 뜻하는 말.

□ **어해 다르고 애해 다르다**
비록 작은 차이라 하더라도 그 말의 어감에 따라 상대
편에게 주는 느낌이 다르다는 말.

□ **여드레 삶은 호박에 도래송곳 안 들어 갈 말이다**
사리나 이치에 맞지 않는다는 뜻.

□ **여럿이 가는데 섞이면 병든 다리도 끌려간다**
여럿이 권하면 어쩔 수 없이 따라 한다는 말.

□ 여름 불도 쬐다 말면 섭섭하다
  쓸데없는 것이라도 없어지면 서운하다는 뜻.

□ 여름 비는 잠 비, 가을 비는 떡 비
  여름에 비가 오면 잠을 자게 되고, 가을에 비가 오면
  떡을 먹게 되어 이르는 말.

□ 여름에 먹자고 얼음 뜨기
  나중을 위해 준비한다는 뜻.

□ 여름에 하루 놀면 겨울에 열흘 굶는다
  미리 준비가 없으면 나중에 곤란을 겪는다는 말.

□ 여인은 나돌면 버리고, 가구(家具)는 빌려주면
깨진다
  여자가 너무 밖으로 나 다니면 실수하기 쉽다는 뜻.

□ 여북하여 눈이 머나
  고생이 너무 많아 죽게 될 지경이라는 뜻.

□ 여자는 사흘을 안 때리면 여우가 돈데
  여자는 간사한 짓을 부리기 쉽다는 뜻.

□ 여울로 소금 섬을 끌래도 계를 대고서
  윗사람이나 섬기는 사람의 명령을 무조건 복종하겠다
  는 뜻.

□ 여자 셋이 모이면 새 접시를 뒤집어 놓는다
  여자들이 모이면 말이 많고 떠들썩하다는 말.

□ 여편네 팔자는 뒤웅박 팔자
  뒤웅박의 끈이 떨어지면 어쩔 수 없듯이 남편에게 매
  인 것이 여자의 팔자라는 말.

□ 역말도 갈아타면 낫다고
　　한가지 일만 계속하지 않고 이따금 다른 일로 바꾸어
　　하면 기분이 새로와지고 싫증도 나지 않는다는 뜻.

□ 열고 보나 닫고 보나
　　이렇게 하든 저렇게 하든 마찬가지라는 뜻.

□ 열번 듣는 것이 한번 보는 것만 못하다
　　듣기만 하는 것보다 실지로 보아야 한다는 뜻.

□ 열번 찍어 아니 넘어가는 나무 없다
　　계속해서 노력하면 기어이 뜻대로 일을 이룬다는 뜻.

□ 열 사람이 지켜도 한 도적을 못 막는다
　　여럿이 애써 지켜보고 살펴도 한 사람의 나쁜짓을 막
　　을 수 없다는 뜻.

□ 열 손가락중에 어느 손가락 깨물어 아프지 않을
까
　　자식이 아무리 많아도 부모에게는 다같이 중하다는
　　말.

□ 염라대왕이 제 할아비라도
　　큰 죄를 짓거나 무서운 병에 걸려 살아날 도리가 없다
　　는 뜻.

□ 염병에 보리죽을 먹는게 오히려 낫겠다
　　한푼의 가치도 없는 말을 지껄인다는 뜻.

□ 염병에 까마귀 소리
　　불길하며 귀에 거슬린다는 뜻.

□ 염불에는 맘이 없고, 잿밥에만 맘이 있다

자기가 맡은 일에는 정성이 없고, 자기 욕망을 채우기
위하여 다른 데에만 마음을 쓴다는 뜻.

□ 염주도 몫몫이요 쇠뿔도 각각이라
극히 친한 사이라도 그가 하는 일은 각각 다르다는 말.

□ 염초청 굴뚝 같다
마음속이 검고 하는 짓이 음흉스럽다는 뜻.

□ 염충강이 무장 먹듯한다
무슨 일이고 두서를 모르고 아무 일이나 엄벙덤벙 한
다는 뜻.

□ 염치와는 담 쌓은 놈
염치가 조금도 없는 사람이란 뜻.

□ 엿기름을 넣는다
남의 것을 제 것처럼 감춘다는 뜻.

□ 영감 밥은 누워 먹고, 아들 밥은 앉아 먹고, 딸의 밥은 서서 먹는다
남편의 재산으로 먹고 사는 것이 가장 편하며 아들에
게 부양을 받는 것도 견딜만하나 딸의 집에서 붙여 먹
는 것은 실로 견디지 못할 만큼 어렵다는 뜻.

□ 옆구리 찔러 절 받기
상대방은 할 생각도 없는데 자기 스스로가 요구하거나
알려주어 대접을 받는다는 말.

□ 예쁜 자식 매로 키운다
귀여운 자식일수록 잘 키우려면 매로 가르쳐야 한다는
뜻.

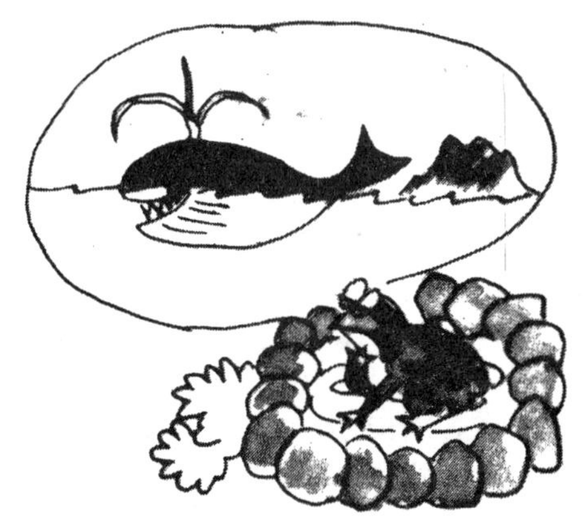

우물 안 개구리

□ **예산이 파산이라**
  될 수도 없는 일을 계획만 하는 것은 쓸 데 없다는 말.

□ **예황제 부럽지 않다**
  남부럽지 않게 안락하게 지낸다는 뜻.

□ **옛말 그른 데 없다**
  예로부터 전해 내려오는 말은 옳지 않은 것이 없다는
  말.

□ **오뉴월 감기는 개도 아니 앓는다**
  여름에 감기 앓는 사람을 놀리는 말.

□ **오뉴월 거적문인가**
  추울때 문을 열어놓고 다니는 것을 탓하는 말.

□ **오뉴월 닭이 오죽하여 지붕에 올라가랴**
  아쉬운 때 행여나 하고 무엇을 구한다는 뜻.

□ 오뉴월의 소나기는 쇠등을 두고 다툰다
여름철의 소나기는 갑자기 쏟아졌다 그쳤다 하므로 소
등의 이쪽과 저쪽도 내리고 안내리는 경우가 있다는
말.

□ 오뉴월 품앗이도 진작 갚으랬다
시일이 많다고 끌 것이 아니고 갚을 것은 미리미리 갚
으라는 것.

□ 오뉴월 하루 볕이 무섭다
한살이라도 더 먹은 사람의 재간이 낫다는 뜻.

□ 오는 말이 고와야 가는 말이 곱다
말은 누구에게나 점잖고 부드럽게 해야 한다는 뜻.

□ 오란 데는 없어도 갈 데는 많다
살림이 가난하면 다닐 곳이 많다는 뜻.

□ 오래 앉으면 새도 살을 맞는다
이익을 바라며 한 곳에 오래 있으면 화를 만나게 된다
는 뜻.

□ 오르지 못할 나무는 쳐다 보지도 말라
자기 힘에 과분한 것은 기대도 말라는 뜻.

□ 오리를 보고 십리를 간다
장사하는 사람은 한푼도 안 되는 적은 돈이라도 벌 수
만 있다면 고생을 무릅쓴다는 말.

□ 오리 알에 제 똥 묻은 격
제 분수에 어울려 수수하고 나무랄 데가 없다는 뜻.

□ 오십보 백보

작은 잘못이나 큰 잘못이나 잘못은 다 같다는 뜻.

□ 오장까지 뒤집어 보인다
마음 속속들이 모두 털어 놓는다는 뜻.

□ 오장이 뒤집힌다
마음이 몹시 상하여 걷잡을 수 없다는 뜻.

□ 오줌에도 데겠다
아주 허약한 사람을 비유하는 말.

□ 옥에도 티가 있다
아무리 훌륭한 사람이나 아무리 좋은 물건이라도 따지
고 보면 한두가지의 결점은 있다는 말.

□ 옥의 티
본 바탕은 썩 좋으나 아깝게도 흠이 있다는 것.

□ 온 바닷물을 다 켜야 맛이냐
욕심이 끝없이 많다는 것.

□ 온면 먹을때부터 그르다
일의 시작부터가 틀렸다는 말.

□ 올가미 없는 개 장사
자본 없이 하는 장사를 비유한 말.

□ 올챙이 적 생각은 못하고 개구리 된 생각만 한다
성공을 한 사람이 그 전에 고생하고 미천하던 때를 잊
고 오만한 행동을 한다는 뜻.

□ 옷은 새 옷이 좋고 님은 옛님이 좋다
사람은 사귄지 오래일수록 인정이 두텁고 좋다는 말.

□ 옷이 날개라

　못난 사람도 옷을 잘 입으면 잘 나 보인다는 말.

□ 와우각상의 싸움

　작은 나라끼리 싸우는 일. 하찮은 일로 싸우는 것. 와
　우는 달팽이로서 달팽이 뿔 위에서 싸운다는 뜻이다.

□ 왕방울로 솥 가시듯

　왁자지껄하게 떠든다는 말.

□ 왕후 장상이 씨가 있나

　훌륭한 인물은 가계나 혈통에 있는 것이 아니고 노력
　만 하면 누구라도 될수가 있다는 뜻.

□ 외 거꾸로 먹어도 제 재미다

　자기만 좋으면 어떻게 하든 좋다는 뜻.

□ 외 기러기 짝사랑

　짝사랑하는 사람을 놀리는 말.

□ 외나무 다리에서 만날 날이 있다

　남과 원수가 되면 피할 수 없는 자리에서 만나게 된다
　는 것.

□ 외 덩굴에 가지 열릴까

　부모와 아주 다른 자식은 생길 수 없다는 뜻.

□ 외 손뼉이 못 울고 한 다리로 가지 못한다

　일은 혼자서는 잘 안 된다는 뜻.

□ 외손자를 귀여워하느니 방앗공이를 귀여워하지

　외손자는 아무리 귀여워해도 소용이 없다는 뜻.

□ 요지경 속이라

속 내용이 복잡하고 기괴하여 이해할 수 없다는 뜻.

□ **용 가는 데 구름 간다**
반드시 같이 다녀서 둘이 서로 헤어져 있지 않은 것을
말함.

□ **용 꿈 꾸었다**
매우 좋은 수가 생겼다는 말.

□ **용 못된 이무기**
의리나 인정이 도무지 없고 심술만 남았다는 뜻.

□ **용을 빼는 재주**
기운을 몰아 한때에 내는 힘이 세고 장함을 말함.

□ **용수에 담은 찰밥도 엎지른다**
복이 없는 사람은 큰 복을 얻어도 그것을 지키지 못한
다는 뜻.

□ **우는 아이 젖 준다**
무슨 일에 있어서 자기가 요구해야 구할 수 있다는 말.

□ **우렁이도 집이 있다**
사람으로서 기댈 집이 없다는 뜻.

□ **우렁도 두렁 넘을 꾀가 있다**
미련하고 못난 사람도 자기 요량은 있고 무엇이든 한
가지 재주는 있다는 말.

□ **우물가에 애 보낸 것 같다**
마음에 몹시 걱정이 된다는 뜻.

□ **우물 길에서 반살기 받는다**
우연히 뜻밖의 음식이 생겨 잘 먹는다는 뜻.

올챙이 적 생각은 못하고 개구리 된 생각만 한다

□ 우물귀신 잡아넣듯 한다
어려운 일에서 자기는 빠져나오고 남을 대신 밀어 넣
는다는 뜻.

□ 우물 안 개구리
식견이 좁아 보고 배움이 적어 자기만 잘난 체하여 넓
은 세상의 형편을 모르는 사람을 말함.

□ 우물 옆에서 목말라 죽는다
재빠른 꾀와 융통성이 없다는 뜻.

□ 우물을 파도 한 우물을 파라
어떤 일을 할 때 한 가지 일을 끝까지 철저히 해야 성
공할 수 있다는 말.

□ 우박맞은 잿더미 같고 활양의 사포같다
얼굴이 박박 얽은 사람을 놀리는 말.

□ 우선 먹기는 곶감이 달다
그다지 실속은 없어도 당장 좋으니 취할만 하다는 뜻.

□ 우수(雨水) 경칩(驚蟄)에 대동강 풀린다
아무리 춥던 날씨라도 우수 경칩이 지나면 풀린다는
말.

□ 울려는 아이 뺨 치기
화가 일어나면 잘 다스리지 못하고 도리어 화를 크게
만든다는 뜻.

□ 울며 겨자 먹기
싫은 일을 좋은 척하고 억지로 하지 않을
말함.

□ 울지않는 아이 젖주랴
요구가 없다면 주지도 않는다는 뜻.

□ 움도 싹도 없다
사람이나 물건이 감쪽같이 없어져 간 곳을 모르게 되
는 것.

□ 움 안에 간장
겉모습은 별것이 아니나 내용이 훌륭하다는 말.

□ 움 안에서 떡 받는다
이쪽에서 구하지도 않았는데 좋은 물건을 얻었다는
뜻.

□ 웃고 사람친다
겉으로는 친한 체 하고 속으로는 해롭게 한다는 뜻.

□ 웃는 낯에 침 뱉으랴
좋은 낯으로 대하는 사람에게 듣기 싫은 말이나 욕은
할 수 없다는 말.

□ 웃느라 한 말에 초상난다
농담으로 한 말이 사람을 죽이는 수도 있다는 뜻인데
말을 지극히 삼가하라는 것.

□ 웃음 속에 칼이 있다
겉으로는 친절한 체하지만 속으로는 도리어 해롭게 한
다는 말.

□ 원님과 급창이 홍정을 해도 에누리가 없다
아무리 신분적으로 그렇게 할 수가 없는 홍정에도 에
누리는 없다는 말.

□ 원님 덕에 나팔 분다

　다른 사람이 좋은 대접을 받게 될 때 자기도 그 덕택으로 분에 넘친 영광을 받는다는 뜻.

□ 원수는 외나무 다리에서 만난다

　남과 원수를 맺으면 피할 수 없는 아주 어려운 경우를 당한다는 뜻.

□ 원숭이 흉내 내듯

　남의 흉내를 낸다는 뜻.

□ 윗 입술이 아랫 입술에 닿느냐

　그런 불손한 말을 감히 말할 수 있느냐 하는 뜻.

□ 은혜를 원수로 갚는다

　은혜를 감사로써 보답해야 할 자리에 도리어 해를 끼친다 하여 쓰는 말.

□ 음식 싫은 건 개나 주지 사람 싫은 건 할 수 있나

　자기 아내가 뜻에 맞지 않아 누구를 줄 수도 없고 버릴 수도 없는 것으로 어쩔 수 없이 참고 살아간다는 말.

□ 음지도 양지 된다

　운이 나쁜 사람도 좋은 일을 만날 수 있다는 말.

□ 응석으로 자란 자식

　버릇 없이 자기 욕심만 내세우고 아무데도 쓸모 없는 사람이라는 뜻.

□ 유복한 과수는 앉아도 요강 꼭지에 앉는다

　복이 많은 사람은 하는 일마다 운이 따른다는 뜻.

□ 의가 좋으면 천하도 반분(半分)한다

입에 쓴 약이 방에는 좋다

사이가 좋으면 무엇이나 나누어 가진다는 뜻.

□ **의사가 제 병 못 고친다**
자기에 관한 일을 자기가 처리하지 못할 경우를 말함.

□ **의식이 풍족한 다음에야 예절을 차리게 된다**
살림이 넉넉해야만이 예절을 차리고 인사를 차릴 수 있다는 말.

□ **이도 아니나서 뼉다귀 추렴한다**
자기 능력에 미치지 못하는 일을 하거나 절차를 넘어서 행동하는 것.

□ **이마를 뚫어도 진물이 아니난다**
매우 구두쇠인 사람을 말함.

□ **이미가 벗어지면 공것 즐긴다**
이마가 벗어진 사람을 말함.

□ 이마에 피도 안 말랐다
아직 어리고 철이 없다는 뜻.

□ 이마에 내 천(川)자를 그린다
얼굴을 찌푸린다는 뜻.

□ 이면 경계도 모른다
무슨 일의 내용이 어떻다는 것을 모른다는 뜻.

□ 이불깃 보아가며 발 뻗는다
처지와 형편에 따라 행동한다는 뜻.

□ 이불 속에서 활개 친다
남이 보지 않는데서 센체하고 호기를 부리는 것.

□ 이사할 때 강아지 따라다니듯
어디든지 늘 붙어다닌다는 뜻.

□ 이 설움 저 설움 해도 배고픈 설움이 제일
사람이 여러가지 고통을 견딜 수 있으나 배고프고 굶
주리는 것만은 견디기가 힘들다는 뜻.

□ 이 아픈 날 콩밥한다
불행한 일에 또 불행이 겹친다는 뜻.

□ 이 없으면 잇몸으로 살지
요긴한 것이 빠져 부자유스럽더라도 없으면 없는대로
그럭저럭 살아간다는 뜻.

□ 이에서 신물이 난다
두번 다시 대하기 싫을 정도로 지긋지긋하다는 뜻.

□ 이웃 사촌(四村)

서로 이웃하여 살게 되면 사촌보다도 더 가까운 정분
으로 지낸다는 말.

□ 이웃 집 개도 부르면 온다
불러도 대답조차 없는 사람을 핀잔하는 말.

□ 이웃집 새 처녀도 내 정지에 들어 세워·보아야 안다
사람 고르기가 힘들다는 뜻.

□ 이 잡듯 한다
샅샅이 뒤져 찾는다는 뜻.

□ 익은 밥 먹고 선 소리한다
사리에 맞지 않는 말을 하는 사람을 두고 하는 말.

□ 인간은 만물의 척도
인간 자체가 모든 판단의 기준이 된다는 말.

□ 인경꼭지가 말랑말랑하거든 인경 꼭지나 만져보라
불가능한 청을 들어 줄 마음이 없을 때 쓰는 말.

□ 인왕산 모르는 호랑이가 있나
조선에 사는 호랑이는 인왕산에 한번씩 들른다는 말로
서, 자기를 인왕산에 비유하면 나 모르는 사람이 있느
냐 하는 말.

□ 인절미에 조청 찍은 맛
구미에 착 맞고 마음에 든다는 뜻.

□ 일가 못된 건 계수(季嫂)
일가 중에서 가장 서먹서먹하고 어려운 이는 아우의

부인되는 사람이라는 뜻.

□ 일가 싸움은 개 싸움

일가끼리의 싸움은 개 짐승만도 못하다는 말.

□ 일각(一刻)이 삼추(三秋)같다

시간이 빨리 지나기를 간절히 기다리는 초조한 마음.

□ 일포식도 재수이다

음식을 한 번 실컷 먹을 수 있음도 운이 좋아야 한다는 뜻.

□ 임도 보고 뽕도 딴다

한꺼번에 두 가지 일을 이루고자 꾀하는 행위를 말함.

□ 입술에 침이나 바르지

천연스럽게 거짓말을 하는 것을 말함.

□ 입이 서울

먹는 것이 무엇보다도 제일이라는 뜻.

□ 입에 맞는 떡

마음에 꼭 드는 일이나 물건을 말함.

□ 입에서 신물이 난다

아주 지긋지긋하다는 뜻.

□ 입에 쓴 약이 병에는 좋다

자기 정신에 이로운 충고나 교훈이 듣기에는 불쾌하나 자기 수양을 위하여 달게 받아 들여야 한다는 말.

□ 입에 풀칠 한다

근근히 굶지 않고 겨우 먹고 산다는 뜻.

□ 입은 거지는 얻어 먹어도 벗은 거지는 못얻어 먹
는다
　　이왕이면 옷도 단정해야 목적을 쉽게 달성한다는 뜻.

□ 입이 걸기가 사복 개천같다
　　말을 삼가지 않고 마구 한다는 뜻.

□ 입이 광주리만 해도 말은 못 하리라
　　잘못이 이미 명백하게 드러났으므로 아무리 입이 크더
라도 변명할 길이 없다는 뜻.

□ 입은 비뚤어졌어도 말은 바로 해라
　　말은 언제나 바르게 하라는 뜻.

□ 입의 혀 같다
　　말을 고분고분 잘 듣는다는 뜻.

□ 입질에 오르내린다
　　남에게 이러쿵 저러쿵 비난을 받는것.

□ 입찬 말은 묘 앞에 가서 해라
　　무엇이나 장담은 죽고 나서야 하라 함이니 너무 저를
자랑하고 장담하지 말라는 말.

□ 입추의 여지가 없다
　　빈틈이 없고 비 좁음을 이름.

자

잘 자랄 나무는 떡잎부터 알아 본다

□ **자는 호랑이 불침 놓기**

잠잠히 있는 사람을 공연히 건드려서 도리어 자기에게
화를 미치게 한다는 뜻.

□ **자다가 벼락을 맞는다**

갑자기 뜻하지 않게 변을 당하여 어쩔 줄 모르는 때 쓰
는 말.

□ **자다가 봉창 두드린다**

얼토당토 않은 딴 소리를 한다는 것.

□ **자다가 얻은 병**

뜻밖의 재앙을 말함.

□ **자던 중도 떡 다섯개**

일은 안 해도 이익을 나누는데는 참여한다는 것.

□ **자라 보고 놀란 가슴 솥뚜껑 보고 놀란다**

어떤 일에 한번 놀란 사람은 비슷한 일만 보아도 겁을
먹는다는 뜻.

□ 자랑 끝에 불 붙는다
무엇이든 너무 자랑하면 그 끝에 가서는 무슨 말썽 거
리가 생긴다는 뜻.

□ 자루찟는다
대수롭지 않은 일로 서로 다투는 것.

□ 자발 없는 귀신은 무립도 못 얻어 먹는다
너무 경솔한 짓을 하면 얻어먹을 것도 못 먹게 된다는
뜻. 자발없다 함은 참을성이 없고 행동이 경솔하다는
뜻이다. 무립은 물밥, 즉 물에 말은 밥이다.

□ 자식 겉 낳지 속은 못 낳는다
자식이 좋지 못한 생각을 품어도 그것은 부모의 책임
이 아니라는 뜻.

□ 자식도 품안에 들 때 자식이지
자식이 어린 시절이나 부모에게 흡족한 감을 주나 조
금 자라면 부모의 뜻도 잘 받들지 않고 심지어는 부모
를 배반조차 한다는 뜻으로 하는 말.

□ 자식 둔 골은 호랑이도 돌아본다
짐승도 자식을 사랑하는 마음이 이러한데 사람은 더
말할 나위 없다는 말.

□ 자식은 내 자식이 커 보이고, 벼는 남의 벼가 커
보인다
자식은 내 자식이 좋게 보이나 재물은 남이 가진 것을
탐낸다는 뜻.

□ 자식을 쪽박에 밤 구워 담듯 한다
  가난한 집, 좁은 방에 자식이 많이 들끓고 있다는 말.

□ 자식은 애물이라
  자식은 언제나 부모에게 걱정을 끼치고 애를 태운다는
  뜻.

□ 자에도 모자랄 적이 있고 치에도 넉넉할 적이 있
  다
  양의 많고적음은 크든 작든 있을 수 있다는 소리.

□ 작게 먹고 가는 똥 누지
  소득을 탐내지 말고 자기 힘에 맞도록 분수를 지켜야
  만 편이 좋고 또한 편하다는 말.

□ 작아도 후추알이다
  작아도 하는 짓은 맹랑하다는 뜻.

□ 작은 것부터 큰 것 이룬다
  아무리 큰 일도 처음 시작은 작은 것이었다는 말.

□ 작은 고추가 더 맵다
  몸집이 작은 사람이 큰 사람보다 오히려 단단하고 재
  주가 뛰어남을 뜻함.

□ 잔 고기 가시 세다
  몸은 작게 생겼어도 속은 알차다는 것

□ 잔나비 밥 짓듯 한다
  하는 짓이 경솔하다는 뜻.

□ 잔디 밭에서 바늘 찾기
  애써 해 보아도 헛수고 일 때를 말함.

□ 잔 뼈가 굵어진다
어려서부터 어떤 일을 하면서 자라났다는 뜻.

□ 잔 병에 효자 없다
병을 오랫동안 앓고 누워 있으면 어떤 때에는 서운하
게 해드릴 때도 있으므로 하는 말.

□ 잔나비 잔치다
남의 흉내 냄을 비유하는 말.

□ 잘 되면 제 탓, 못 되면 조상 탓
성공한 일에 대해서는 자기의 공로를 내세우고, 실패
한 일에 대해서는 그 잘못을 자기 이외에 그 책임을 돌
리거나 운명적으로 생각함을 말함.

□ 잔 잡은 팔 밖으로 펴지못한다
자기에게 조금이라도 가까운 사람에게 정이 쏠리는 것
은 자연스러운 일이라는 뜻.

□ 잔생이 보배라
못 생긴체 하는 것이 몹시 이롭다는 말.

□ 잔칫집에는 같이 가지 못하겠다
남의 결점을 잘 들추어내는 사람을 가리킴.

□ 잘 자랄 나무는 떡잎부터 알아 본다
잘 될 사람은 어려서부터 남달리 장래성이 있어 보인
다는 뜻.

□ 잠꾸러기 집은 잠꾸러기만 모인다
게으른 사람의 집에는 게으른 사람만이 모여든다는
뜻.

□ 잠을 자야 꿈을 꾸지

어떤 결과를 얻으려면 제대로 순서를 밟아야 한다는
뜻.

□ 잠방이에 대님치듯

궁색한 일을 당하여 몹시 마음이 불안하다는 뜻.

□ 잠자코 있는 것이 무식을 면한다

아무 말도 하지않고 가만히 있으면 자기의 무식이 드
러날리 없으므로 가만히 있는게 상책이란 뜻.

□ 장구 깨진 무당 같다

흥이 식어 기운없이 울적해 있는 사람을 말함.

□ 장구를 쳐야 춤을 추지

거들어주는 것이 있어야 일을 잘 할 수 있다는 말.

□ 장난 끝이 살인 난다

장난삼아 우습게 한 일이 큰 사고를 일으키기도 한다
는 뜻.

□ 장님 손 보듯 한다

친절한 맛이 조금도 없다는 뜻.

□ 장님 은빛 보기

무엇을 보고도 눈치 채지 못함을 이르는 말.

□ 장님 제 닭 잡아 먹듯

남을 해치려다가 도리어 자기가 그 해를 입게 되는 것
을 뜻함.

□ 장 단 집에는 가도 말 단 집에는 가지말라

실속 없이 말로만 친절한 체하는 집안과는 상종을 하

자는 호랑이 불침 놓기

지 말라는 뜻.

□ **장닭이 울어야 날이 새지**
집안에서 남편이 주장이 되어야 모든 일이 제대로 된
다는 뜻.

□ **장마다 망둥이 날까**
늘 자기에게 알맞는 일만 있는 것이 아니란 뜻.

□ **장마 뒤에 외 자라듯**
무럭무럭 잘 자라는 것을 보고하는 말.

□ **장마도 도깨비 여울 건너가는 소리를 한다**
무엇을 원망하고 욕을 하는 소리가 웅얼웅얼 한다는
것.

□ **장부(丈夫)가 칼을 빼었다가 도로 꽂나**
크게 결심한 일을 방해가 좀 되었다고 그만 둘 수는 없
다는 뜻.

□ **장부 일언이 중천금**
남자의 말 한마디는 천금같이 무겁다는 뜻으로서 한번
한 말은 꼭 지켜야한다는 것.

□ **장사(壯士)나면 용마(龍馬)난다**
무슨 일이든 잘 되려면 좋은 기회가 저절로 온다는 말.

□ **장사 지내러 가는 놈이 시체 두고간다**
정작 중요한 것을 잊어 먹는다는 뜻.

□ **장이야 멍이야**
두 사람이 서로 대립하여 승부를 가리기 어려울 때 쓰
는 말.

□ 재강아지 눈 감은듯 하다
　무슨 일이 감쪽같아 아무 흔적도 없다는 말.

□ 재는 넘을수록 험하고 내는 건널수록 깊다
　어떤 일이 갈수록 더 어렵다는 말.

□ 재떨이와 부자는 모일수록 더럽다
　재물을 많이 모으면 모을수록 인색해진다는 뜻.

□ 저 걷던 놈도 나만 보면 타고 가라네
　사람이 궁한 처지에 놓이면 친한 사람까지 자기를 멸
시한다는 뜻.

□ 저녁 굶은 시어미 상
　아주 못마땅하게 여기고 상을 잔뜩 찡그리고 있는 것.

□ 자기가 먹자니 싫고 남 주자니 아깝다
　자기는 싫고 남 주기는 아까우니 난처하다는 말.

□ 저 잘난 맛에 산다
　사람은 누구나 자기에 대한 애착심이 강하고, 자기가
남보다 잘 났다는 마음을 지니고 살아간다는 뜻.

□ 전정(前程)이 구만리(九萬里)같다
　앞으로의 길이 훤히 틔어 유망하다는 말.

□ 저 중 잘 달아난다 하니까 고깔 벗어들고 달아난
다
　거짓 부령에 넘어가 마구 놀아남을 말함.

□ 절 모르고 시주하기
　아무도 모르는 선행은 나중에 공이 나타나지 않는다는
말.

□ 절에 가서 젓국을 찾는다
당치 않은 곳에 가서 어떤 물건을 찾을 때 쓰는 말.

□ 절에 간 색씨
남이 시키는 대로 따러 하는 사람을 말함.

□ 절이 망하려니까 새우젓 장수가 들어온다
운수가 그릇되려면 뜻밖의 괴변이 생긴다는 것.

□ 점잖은 개 부뚜막에 먼저 오른다
겉으로는 점잖은 체하는 사람이 엉뚱한 짓을 한다는
뜻.

□ 점잖은 개가 똥을 먹는다
겉으로 점잔을 피우면서 못된 짓을 한다는 말.

□ 젓가락으로 김칫국을 집어먹을 놈
어림없는 짓을 하려는 사람을 말함.

□ 젓갈 가게에 중
어떤 장소에 전혀 어울리지 않는 사람이 나타난다는
말.

□ 정나미 떨어진다
정나미가 떨어져 다시는 대할 마음이 없다는 것.

□ 정성을 들였다고 마음을 놓지 말라
무슨 일이고 한시라도 마음을 놓지말고 조심하라는
말.

□ 정신 일도 하사 불성
정신을 집중시켜 노력하면 어떠한 어려운 일에도 성공
한다는 뜻.

제 잘난 맛에 산다

□ **정 들자 이별**
만난지 얼마되지 않아 헤어지게 된다는 말.

□ **정에서 노염 난다**
정답게 지내는 사이일수록 예의를 지켜야 한다는 말.

□ **정이 있으면 꿈에도 보인다**
서로 마음이 통하고 정이 들면 꿈에도 보인다는 말.

□ **정직(正直)은 일생의 보배**
언제나 정직하게 일을 해 나가면 실패가 없다는 말.

□ **정직한 사람의 자식은 굶어 죽지 않는다**
정직한 사람은 언제든지 복을 받게 된다는 말.

□ **젖 먹는 강아지가 발뒤축을 문다**
약자가 강자를 두려워하지 않는다는 뜻.

□ 제가 기른 개에게 발꿈치 물린다
자기에게 은혜를 받는 자로부터 도리어 해를 입게 된
다는 뜻.

□ 제가 제 뺨을 친다
제 죄를 스스로 뉘우친다는 것.

□ 제가 춤추고 싶어서 동서를 권한다
자기가 먼저 나가고 싶으나 차마 나갈 수가 없어 남부
터 먼저 권하는 것.

□ 제 것 주고 뺨 맞는다
남에게 잘하여 주고도 자기는 도리어 해로움을 당한다
는 뜻.

□ 제 꾀에 제가 넘어간다
남을 속이려다 반대로 자기가 남에게 속게 된다는 말.

□ 제 낯에 침 뱉기
자기가 자기를 모욕하는 결과를 가져온다는 것. 제 발
등에 오줌누기 제 얼굴 가죽을 제가 벗긴다.

□ 제 논에 물 대기
자기에게만 유리하도록 일함을 말함.

□ 제 눈에 안경이라
남이 보기에는 우스운 일도 자기 마음에 들면 좋게 보
인다는 뜻.

□ 제 도끼에 제 발등 찍힌다
자기가 한 일이 자기에게 해가 된다는 뜻.

□ 제 똥 구린 줄 모른다

자기에게는 아무리 깨끗하지 못한 일이 있어도 그 허물을 깨닫지 못한다는 말.

□ 제물에 배를 잃어 버렸다
되어가는 바람에 가장 요긴한 것이 빠졌다는 말.

□ 제 발 등에 불을 먼저 끄랬다
남의 일을 간섭하기 전에 자기의 급한 일을 먼저 살피라는 뜻.

□ 제 밥 덜어 줄 샌님은 물건너면서부터 안다
사람의 인정이 후하고 박한 것은 겉모습만 보아도 알 수 있다는 뜻.

□ 제 방귀에 놀란다
자기가 한 일에 자기가 의외(意外)로 여긴다는 뜻.

□ 제 배가 부르면 종 배 고픈 줄 모른다
남의 사정은 조금도 보아줄줄 모르고, 자기만 알고 자기 욕심을 채우는 사람을 보고 하는 말.

□ 제 버릇 개 줄까
한번 잘못된 버릇은 여간해서 고치기 어렵다는 뜻.

□ 제 부모 나쁘다고 내버리고, 남의 부모 좋다고 내 부모라 할까
좋든 나쁘든 간에 인륜관계는 어쩔 수 없다는 뜻.

□ 제비는 작아도 강남(江南)간다
생김이 비록 작아도 자기 할 일은 다 할 수 있다는 뜻.

□ 제 얼굴 더러운 줄 모르고 거울만 나무란다
자기의 허물은 자기가 모른다는 뜻.

□ 제 힘 모르고 강자와 씨름갈까
　자기의 힘은 스스로 알아야 한다는 뜻.

□ 제 흉 열 가진 놈이 남의 흉 한가지 본다
　자기의 결점은 나쁜 줄 모르고 남의 결점만을 들추어
나쁘다고 한다는 뜻.

□ 조깃배에는 못 가리라
　조깃배에 타고 조기를 잡을 때 사람 소리가 나면 조기
떼가 도망을 간다. 즉 쓸데없이 말이 많다는 뜻.

□ 조그만 실 뱀이 온 바닷물 흐린다
　못된 사람 하나가 온 집안 온 사회를 어지럽힌다는 뜻.

□ 조막손이 달걀 도둑질 한다
　조막손은 손가락이 오그라져 펴지 못하는 사람을 말한
다. 그러니까 조막손이는 물건을 쥘수가 없으므로 어
찌 도둑질을 할 수 있느냐 하는 말.

□ 조 비비듯 하다
　마음을 몹시 조리고 있다는 뜻.

□ 조상 신주 모시듯
　몹시 우대해서 받든다는 뜻.

□ 조상 덕에 이밥을 먹는다
　조상덕에 부유하게 잘 산다는 말.

□ 조석 싸가지고 말리러 다닌다
　기를 쓰고 하지 못하게 말린다는 뜻.

□ 족제비도 낯짝이 있다
　염치없는 사람을 나무라는 말.

☐ 족제비 잡는데 꼬리 달라는 격
　수고한 일의 가장 요긴한 부분을 남이 차지 하려고 하
는 것.

☐ 존대하고 뺨 맞지 않는다
　남에게 공손히 하면 욕이 돌아오지 않는다는 뜻.

☐ 좀이 쑤신다
　가만히 참고 기다리지 못하는 것을 뜻함.

☐ 좁쌀 영감
　사람됨이 꼬장꼬장하고 잔소리를 심하게 하고 간섭을
많이 하는 사람을 말함.

☐ 좁쌀 한 섬 두고 흉년 들기를 기다린다
　변변찮은 것을 갖고서 큰 효과를 바라는 것.

☐ 종기가 커야 고름이 많다
　큰 것이라야 그 속에 든 것도 많다는 말.

☐ 종과 상전은 한 솥의 밥이나 먹지
　너무 차이가 있어 같이 어울릴 수 없다는 말.

☐ 종로에서 뺨 막고 한강에 가서 눈 흘긴다
　노여움을 다른 사람에게까지 옮긴다는 뜻.

☐ 종의 자식을 귀애하면 생원님의 나룻에 꼭건마을
단다
　너무 귀여워하면 도리어 놀림을 받는다는 말.

☐ 종짓굽 떨어지다
　젖먹이가 처음 아장아장 걷는것.

　　좋은 일에는 남이요, 궂은 일에는 일가라

좋은 일이 있을 때에는 생각지도 않고 있다가 좋지 않은 궂은 일을 당하여 친척을 찾아 다닌다 하여 쓰는 말.

□ 죄은 지은 데로 가고, 덕은 쌓은 데로 간다
죄를 지은 사람은 벌을 받고, 덕을 닦은 사람은 복을 받는다는 뜻.

□ 죄악은 전생 것이 더 무섭다
전생에 지은 죄의 업보는 이승에서 몇 갑절 더 심하게 받는다는 뜻.

□ 주름을 잡는다
여러 사람을 손아귀에 넣고 온갖 일을 마음대로 좌우한다는 뜻.

□ 주린 개가 헛간을 바라보고 기뻐한다
누구든지 배가 고프면 무엇이든 먹을 것만 보아도 기뻐한다는 뜻.

□ 주머니 돈이 쌈지 돈이다
한집안 식구의 것은 다른 듯하지만 그 집안의 것이므로 결국은 마찬가지라는 뜻.

□ 주먹 구구 식이다
정밀하지 못한 속셈이라는 뜻.

□ 주먹으로 물 찧기
일이 아주 쉽다는 뜻. 호박에 침 주기, 누워 떡 먹기.

□ 주먹은 가깝고 법은 멀다
분이 나고 화가 날 때에 법으로 처리하지 않고 당장에 주먹으로 해낸다는 뜻.

□ 주인 기다리는 개가 지리산만 바라본다
공연히 무엇을 바라는 것을 놀리는 말.

□ 주인 보탤 나그네 없다
나그네는 아무래도 주인에게 손해를 끼치게 된다는
뜻.

□ 주인 모르는 공사 없다
무슨 일이든 주장된 사람이 모르면 안 된다는 뜻.

□ 주인 집 장 떨어지자 나그네 국 마다 한다
일이 매우 알맞게 되어간다는 뜻.

□ 죽기는 섧지 않으나 늙기가 섧다
사람이 죽는 것보다 늙는 것이 더 서럽다는 뜻.

□ 죽는 사람만 불쌍하다
사람은 어떻든 살아야 한다. 죽은 뒤에 남겨진 사람이
아무리 서러워도 이 세상을 살지 못하고 죽은 사람이
더욱 가엾다는 뜻.

□ 죽도 밥도 안 된다
일이 잘 되다가 중단하여 아무 소용이 없이 쓸모가 없
다는 뜻.

□ 죽 쑤어 개 좋은 일 하였다
힘 들여서 한 일이 남에게 이로울 뿐이라는 뜻.

□ 죽어도 시집 울타리 밑에서 죽어라
여자는 한번 시집을 가면 어떤 일이 있더라도 그 시집
에서 끝까지 살아나가야 한다는 말.

□ 죽어서 상여 뒤에 따라와야 자식이라

아무리 친자식이라 할지라도 부모님이 돌아가실 때 지키고 그 장례를 치르지 않으면 자식이라 할 수 없다는 뜻.

□ 죽어 석잔 술이 살아 한잔 술만 못하다

죽은 뒤에 아무리 정성을 다 해도 살아 있을 때 조금 생각한 것만 못하다는 뜻.

□ 죽어 봐야 저승을 알지

모든 일을 직접 당해 봐야 안다는 뜻.

□ 죽은 나무에 꽃이 핀다

아무 볼 것이 없던 집안에서 영화로운 일을 당할 때 쓰는 말.

□ 죽은 뒤에 약방문

이미 때가 지난 뒤에 무엇을 알아내도 아무 소용이 없다는 말.

□ 죽은 사람 원도 푼다

죽은 사람의 소원도 풀어 줄 수도 있는데 하물며 산 사람의 소원이야 풀어 주어야 되지 않겠느냐는 말.

□ 죽은 자식 나이 세기

이미 그릇된 일을 생각하고 원해도 쓸 데 없다는 말.

□ 죽은 정승이 산 개만 못하다

인생이 한번 죽어지면 권력이나 금력, 영화도 소용 없다는 뜻.

□ 죽은 최(崔)가 하나가 산 김(金)가 셋을 당한다

최가 성을 가진 사람은 약빠르고 악착같으나, 김가 성을 가진 사람은 어리숙하고 무던하다는 말.

중이 제 머리 못 깍는다

□ 죽을 데도 쓸 약이 있다
어떠한 곤경 중일지라도 희망은 있을 수 있는 것이니
실망하지 말라는 뜻.

□ 죽을 때 편히 죽는 것은 오복(五福)의 하나
사람이 죽을 때 받는 고통이란 말로 표현하기 어려운
데 이 고통을 면하는 것은 큰 복의 하나라는 뜻.

□ 죽을 수가 생기면 살 수가 생긴다
아무리 어려운 처지를 당할지라도 살아날 방법이 생긴
다는 뜻.

□ 죽음에 들어 노소(老少)있나
늙은 사람이나 젊은 사람이나 죽는데 있어서는 마찬가
지라는 뜻.

□ 죽이 끓는지 밥이 끓는지
무엇이 어떻게 되어 가는지 아무것도 모른다는 뜻.

☐ **죽일 놈도 먹이고 죽인다**

왜 먹이지 않고 굶기느냐고 항변하는 말.

☐ **죽으려고 해도 죽을 겨를이 없다**

매우 바쁘다는 뜻.

☐ **줄밥에 매로구나**

재물을 탐내다가 남에게 이용되는 것.

☐ **줄행랑 친다**

뛰어 도망친다는 말.

☐ **줌안에 들다**

남의 손아귀에 쥐어지는 것. 즉 자유를 잃는다는 뜻이
다.

☐ **중매(中媒)는 잘하면 술이 석잔이고, 못하면 뺨이 세대라**

사람의 혼인 중매는 매우 어려운 일이니 억지로 할 일
이 아니라는 뜻.

☐ **중이 고기 맛을 보더니 절에 빈대껍질이 안 남는다**

한번 혹하여 정신을 못 차리고 좋아 한다는 뜻.

☐ **중이 고기맛을 알면 법당도 안가린다**

앞뒤를 가리지 않고 날뛴다는 뜻.

☐ **중이 미우면 가사도 밉다**

그 사람이 미우면 그에게 딸린 모든 것까지 다 밉게만
보인다는 뜻.

☐ **중이 제 머리 못 깎는다**

아무리 급하고 필요한 일일지라도 자기 힘으로 못하고
다른 사람의 힘을 빌려야 그 일을 이룩한다는 뜻.

□ **중의 관자 구멍이다**
소용이 없게 된 물건을 말함.

□ **중의 망건**
필요없는 것.

□ **중의 양식이 절의 양식**
결국은 마찬가지라는 뜻

□ **쥐구멍에도 볕 들 날이 있다**
아무리 고생을 하는 사람에게도 좋은 날을 만날 기회
가 있다는 말.

□ **쥐구멍에 홍살문 세우겠다**
마땅치 않은 일을 주책없이 하려 한다는 뜻.

□ **쥐구멍으로 소 몰라고 한다**
불가능한 일을 하라고 한다는 말.

□ **쥐구멍을 찾는다**
매우 부끄럽고 난처하여 급히 몸을 숨기려고 애를 쓴
다는 뜻.

□ **쥐꼬리만 하다**
매우 짧고 작은 것을 말함

□ **쥐도 새도 모르게**
아무도 모르게 한다는 뜻.

□ **쥐 본 고양이**

지렁이도 밟으면 꿈틀 한다

무엇이나 보기만 하면 결단을 내고야 만다는 뜻.

□ 쥐뿔도 모른다
　아무 것도 알지 못한다는 뜻.

□ 쥐 안 잡는 고양이
　제 구실을 아니하여 소용없게 된 것이라는 뜻.

□ 쥐었다 폈다 한다
　무슨 일을 자기 마음대로 조종한다는 뜻.

□ 쥐 죽은 듯
　무서워 어쩔 수 없듯이 아주 조용한 경우를 뜻함.

□ 지각하고 담 쌌다
　지각이 도무지 없다는 말.

□ 쥐고 펼 줄을 모른다
　돈을 모으기만 하고 쓸 줄을 모른다는 뜻.

□ 지게를 지고 제사를 지내도 제 멋이다
　무슨 일을 하건 남이 참견할 것은 아니라는 말.

□ 지렁이 갈비다
　터무니 없다는 것.

□ 지렁이도 밟으면 꿈틀 한다
　아무리 미천하거나 약한 사람일지라도 너무 업신여기면 성을 낸다는 뜻.

□ 지리산 포수(砲手)
　한번 다녀간 후에는 돌아오지 않고 매우 늦거나 할 때 쓰는 말.

□ 지성(至誠)이면 감천(感天)이다
사람이 무슨 일을 할 때 정성이 지극하면 그 일을 이룰
수도 있다는 말.

□ 지어먹은 마음 사흘을 못간다
일시적인 자극에서 오는 결심은 오래 가지 못한다는
뜻.

□ 지위(地位)가 높을수록 마음은 낮추어 먹어라
높은 자리에 있을수록 겸손해야 한다는 말.

□ 지척이 천리(千里)
서로가 가까이 있으면서 오랫동안 만나지 못하여 멀리
떨어져 사는 것과 다름이 없다는 말.

□ 지킬 사람 열이 도적 한 놈 하나를 못 당한다
아무리 단단히 감시하여도 갖은 방법과 수단을 다하는

도둑을 막아내기는 어렵다는 뜻.

□ 진주가 열 그릇이나 꿰야 보배
어떤 것이라도 좋은 솜씨를 가지고 끝까지 잘 꾸며야
비로소 그 가치가 나타난다는 뜻.

□ 진잎죽 먹고 잣죽 트림 한다
사실은 별것이 아닌데 겉으로 잘난 체 하는것.

□ 집과 계집은 가꾸기 탓
아무리 부족한 집과 여자일지라도 평소에 잘 가꾸고
가르치기를 알뜰히 하면 좋아진다는 말.

□ 집안이 망하려면 맏며느리가 수염이 난다
집안의 운수가 나쁘면 별의 별 괴변이 다 생긴다는 말.

□ 집안이 망하면 집터 잡은 사람만 탓 한다
무슨 일이 잘못되면 남의 탓만 한다는 말.

□ 집어 삼킬듯이 본다
노려 본다는 뜻.

□ 집 귀신이 된다
여자가 시집가서 그 집에서 늙어 죽는다는 뜻으로 하
는 말.

□ 집안 귀신이 사람 잡아 간다
가까운 사람으로부터 해를 입었을 때 하는 말.

□ 집도 절도 없다
아무 데도 몸을 붙일 곳이 없고 의지할 곳이 없다는
말.

□ 집에서 새는 바가지 들에 나가도 샌다
그 본성이 나쁜 것은 어디를 가든 그 본색을 감출 수
없다는 뜻.

□ 집을 사면 이웃을 본다
집을 살 때는 무엇보다도 그 이웃의 인심과 환경을 보
고 사라는 뜻.

□ 짚신 감발에 사립짝 쓰고 간다
도무지 어울리지 않는다는 뜻.

□ 짚신도 제 날이 좋다
자기 분수에 맞추어 함이 어울린다는 뜻.

□ 짚신을 뒤집어 신는다.
몹시 인색하다는 뜻.

□ 짚신에 국화 그린다
격에 맞지않아 어울리지 않는다는 뜻.

□ 짝 잃은 기러기 같다
몹시 외로운 사람을 말함.

□ 쪽박을 찬다
동냥질을 하고 다닌다는 뜻.

□ 쭈구렁 밤송이 삼년 간다
아주 몸이 약해 보이는 사람이 얼마 살지 못할것 같으
나 오래 목숨을 이어간다는 말.

□ 찐 붕어가 되었다
기세가 꺾이고 풀이 죽어 힘이 없어 보이는 것.

□ 찔러 피를 낸다
공연히 건드려 새삼스런 문제를 만든다는 것.

□ 찔러도 피 한방울 나오지 않겠다
아주 구두쇠나 인정이 없는 사람을 말함.

□ 차돌에 바람 들면 석돌보다 못 하다

야무진 사람일수록 한번 타락하면 걷잡을 수 없다는 것.

□ 차면 넘친다

너무 정도에 지나치면 도리어 불완전하게 된다는 뜻.

□ 찬밥 두고 잠 아니 온다

자기가 좋아하는 일은 좀처럼 잊어버릴 수 없다는 것.

□ 찬 이슬 맞는 놈

도둑놈의 별명.

□ 차일 피일 한다

자꾸 기한을 물려 간다는 뜻.

□ 찬 물도 위 아래가 있다

무엇이나 순서가 있으니 그 순서를 따라 해야 한다는 말.

□ 참새가 방앗간에 치어 죽어도 짹하고 죽는다
  힘은 없어도 경우에 이르면 반항을 한다는 뜻.

□ 참새가 방앗간을 그대로 지나랴
  욕심 많은 사람이 자기에 이익되는 일을 보고는 그대
  로 지나쳐 버리지 못한다는 뜻.

□ 참빗으로 훑 듯
  무엇이고 샅샅이 남기지 안고 뒤져내는 것.

□ 참새가 작아도 알만 잘 깐다
  비록 몸은 작아도 큰 일을 해 낼 수 있다는 것

□ 참새는 죽어도 짹한다
  아무리 약한 사람이라도 괴롭게 굴면 힘껏 대항한다는
  뜻.

□ 참새를 까 먹었다
  유난스레 지껄이는 사람을 이름

□ 채반이 용수가 되게 우긴다
  되먹지 않은 의견을 끝까지 우긴다는 말.

□ 처녀가 애를 낳고도 할 말이 있다
  무슨 일이나 자기의 잘못을 변명하고 이유를 붙일 수
  있다는 말.

□ 처녀들은 말 방귀만 뀌어도 웃는다
  계집애들은 매우 잘 웃는다는 뜻.

□ 처 삼촌(妻三寸)묘에 벌초(伐草)하듯
  무슨 일을 할때 정성을 들이지 않고 하는 척만 한다는
  말.

□ 처서에 비가 오면 독의 곡식도 준다
　처서날 비가 오면 흉년이 든다는 말.

□ 처음이 나쁘면 끝도 나쁘다
　무슨 일이나 처음부터 좋아야 한다는 말.

□ 천길 물 속은 알아도 계집 마음 속은 모른다
　여자의 마음은 변하기 쉬우므로 그 속을 알 길이 없다
　는 뜻.

□ 천둥에 개 뛰어 들듯
　놀라서 어쩔 줄 모르고 함부로 날뛰는 사람을 말함.

□ 천리 길도 한 걸음부터
　아무리 크고, 작은 것일지라도 그 처음 시작은 작은 것
　이라는 말.

□ 천방지축(天方地軸)한다
　방향을 모르고 허둥지둥 분주히 돌아다니는 것을 말
　함.

□ 철 나자 망령 난다
　인생의 수명은 짧은 것, 어물어물하다가 아무 일도 이
　루지 못하고 나이만 먹는 것을 경계하는 말.

□ 첩(妾)의 살림은 밑 빠진 독에 물 길어 붓기
　첩과 살림을 하면 돈이 한없이 든다는 말.

□ 첩 정은 삼년, 본처 정은 백년
　아무리 첩에 반한 사람이라도 그것은 잠시 동안이요,
　그 본처는 끝내 버리지 않는다는 말.

□ 첫 가을에는 손톱 발톱 다 먹는다

가을에는 모든 것이 무르익어 보약이 된다는 뜻.

□ 첫 나들이 한다

얼굴에 숯검정이나 흙이 묻어 더러워진 것을 놀리는 말. 옛날에는 아기가 집밖으로 처음 나갈때 얼굴에 일부리 숯검정 따위를 칠하여 잡귀를 쫓는 예방을 하였다. 그런데서 비롯된 말이다.

□ 첫 딸은 세간 밑천이다

첫 딸은 집안의 모든 일에 도움이 된다는 뜻.

□ 첫 모 방정에 새 까먹는다

윷놀이에서 맨처음에 모가 나면 그 판은 실속이 없다는 것.

□ 첫 사위가 오면 장모가 신을 거꾸로 신고 나간다

처가집에서 사위가 크게 환영 받는 것을 뜻함.

□ 청산유수(靑山流水) 같다

말이 거침 없이 막히지 않고 유창한 것을 말함.

□ 첫 술에 배 부르랴

어떤 일이든지 단번에 이룰 수는 없다는 말.

□ 첫 아이에 단산

처음이면서 마지막이 됨을 말함.

□ 청운의 뜻

입신 출세의 대망

□ 초년(初年) 고생(苦生)은 은(銀)을 주고도 산다

젊어서 하는 고생은 앞으로 사는데 있어 큰 도움이 되는 것이니 젊어서 하는 고생을 달게 여기라는 말.

☐ 초상난 집

먹을 것이 없어 이집저집 빌어먹고 다님

☐ 초상 집 개 같다

피곤하여 맥없이 있는 사람의 꼴을 두고 하는 말.

☐ 총부리를 대다

총을 들이대고 위협한다는 뜻.

☐ 촌 닭 관청에 간 것 같다

시골에서 처음 번화한 도회지에 와 경험도 없는 일을
당하여 어리둥절하고 있는 모습을 말함.

☐ 취중에 진담(眞談) 나온다

술이 취했을 때 함부로 떠드는 것 같으나 진실을 속임
없이 털어 내놓는 것이라는 뜻.

☐ 치감고 내리 감는다

위아래 옷을 비단으로만 입어서 온 몸을 감다시피 하
였다는 말.

☐ 치고보니 삼촌이라

어떤 잘못을 저지르고 보니 몹시 실례되는 짓이었다는
말.

☐ 치러 갔다가 맞기도 예사

남에게 무엇인가 요구하러 갔다가 도리어 요구를 당하
는 일도 보통 있을 수 있다는 것.

☐ 치마 폭이 넓다

남의 일에 공연히 지나치게 참견하고 간섭한다는 뜻.

☐ 치질 앓는 고양이 모양 같다

주제꼴이 매우 초라하는 것.

□ 친 사돈이 못된 형제보다 낫다
사돈은 매우 어려운 사이지만 어렵고 곤난한 경우에는
친 형제보다 도움이 된다는 뜻.

□ 친 사람은 다리를 오그리고 자도 맞은 사람은 다리를 펴고 잔다
남에게 못할 짓을 한 사람은 항상 마음이 불안하다는
것.

□ 친 손자는 걸리고 외손자는 업고 간다
흔히 딸 자식을 더 귀여워 하는 것이 인정이라는 뜻.

□ 칠년 가뭄에는 살아도 석달 장마엔 못 산다
오랫동안 가뭄이 계속되어도 그런대로 지낼 수 있으나
오랜 장마에는 살기가 더욱 어렵다는 말.

□ 칠팔월 수숫잎
성질이 굳지 못하여 마음을 자주 바꾸는 사람을 말함.

카

코묻은 떡이라도 빼앗아 먹겠다

□ 칼날 위에 섰다
매우 위태로운 처지에 놓였다는 말.

□ 칼로 물 베기
잘라지기는 하나 곧 합치게 된다는 말.

□ 칼 물고 뜀 뛰기
위대한 일을 모험적으로 한다는 뜻.

□ 코가 납작해지다
심한 무안을 당하거나 기가 죽음을 이르는 말.

□ 코가 우뚝하다
난체하고 거만한데가 있다는 말.

□ 코가 쉰 댓자나 빠졌다
근심이 쌓이고 고통스러운 일이 있어 맥이 빠졌다는
뜻.

□ 코끼리 비스킷 하나 먹으나 마나

무엇을 먹기는 먹었으나 도무지 양이 차지 않았을 때
쓰는 말.

□ 코딱지 두면 살이 되랴

이미 다 그릇된 것을 두어둔들 절대로 잘 될 리가 없다
는 말.

□ 코 묻은 돈

어린 아이들이 가진 돈이라는 뜻.

□ 코묻은 떡이라도 빼앗아 먹겠다

하는 짓이 아주 치사하다는 뜻.

□ 코방귀만 뀐다

남의 말에 들은체 만체 아무 대꾸를 아니하는 것을 말
함.

□ 코방아를 찧는다

어린 아이가 설 힘이 없어 엎드러져 코를 바닥에 내려
치게 되는 것을 말함.

□ 코 아니 흘리고 유복하다

고생하지 않고 이익을 얻는다는 뜻.

□ 코 아래 입

썩 가깝다는 말.

□ 코 아래 진상(進上)이 제일이라

남의 환심을 사려면 먹이는 것이 제일이라는 뜻.

□ 코에서 단내가 난다

일에 시달리고 고뇌하여 몸과 마음이 몹시 피로하다는
뜻

□ 콩 볶듯 한다
　　성질이 사납고 급하여 가만히 있지를 못하는 사람을
　　말함.

□ 콩 밭에 가서 두부 찾는다
　　몹시 성급한 사람을 말함.

□ 콩밭에 간수 치겠다
　　이치를 따지지 않고 물색없이 덤빈다는 것.

□ 콩 반알도 남의 몫은 지어있다
　　비록 작은 물건이라도 남의 것을 부러워하는 것은 잘
　　못이라는 뜻.

□ 콩 볶아 먹다가 가마솥 깨뜨린다
　　작은 일을 실없이 하다가 큰 일을 당한다는 뜻.

□ 콩 심어라, 팥 심어라 한다
　　사소한 일을 가지고 시비를 가려 지나친 간섭을 한다
　　는 뜻.

□ 콩 심은 데 콩 나고 팥 심은 데 팥 난다
　　모든 일은 원인에 따라 결과가 생긴다는 말.

□ 콩으로 메주를 쑨다 해도 곧이 안 듣는다
　　남의 말을 그대로 믿지 않는다는 뜻.

□ 콩을 팥이라 해도 곧아 듣는다
　　남의 말을 무엇이나 말하는대로 곧이 듣는다는 뜻.

□ 콧구멍 둘 마련하기가 다행이라
　　몹시 답답하거나 속이 상해 숨이 막힐 때 다행히 숨구
　　멍이 트여 있어 좋다는 말.

□ **콧병 든 병아리 같다**
　꾸벅꾸벅 조는 것을 말함.

□ **크고 단 참외**
　제일 좋은 것. 또는 모든 조건을 갖춘다

□ **큰 말이 나가면 작은 말이 큰 말 노릇한다**
　웃 사람이 없으면 아랫 사람이 그 일을 대신할 수 있다
　는 뜻.

□ **큰 바람 뒤에는 고요하다**
　큰 일을 치르고 난 뒤 유난히 고요한 것 같다는 것.

□ **큰 방축도 개미 구멍으로 무너진다**
　매우 적은 힘으로 큰 일을 이루었다는 말.

□ **큰 북에서 큰 소리 난다**
　크고 훌륭한 곳에서만이 무엇이나 좋은 것이 생길수
　있다는 뜻.

□ **큰 소 잃고 송아지 잃고**
　크고 작은 이중의 손해를 입는다는 말.

□ **큰 집이 기울어져도 삼년 간다**
　부잣집이 망하여 그 재산을 없앴다 하여도 그럭저럭
　얼마 동안은 살아 나갈 수 있다는 말.

□ **큰 코 다친다**
　크게 낭패를 본다는 말.

□ **커도 한그릇 작아도 한그릇**
　잘하나 못하나 그 쏨쏨이는 같다는 말.

□ **키는 작아도 담은 크다**

키는 작아도 용감한 사람을 일컫는 말.

□ 키 작으면 앙큼하고 대담하다
키 작은 사람을 놀리는 말.

□ 키 크고 묽지 않은 놈 없다
키 큰 사람의 행동이 치밀하지 못하다는 뜻.

□ 키 크고 싱겁지 않은 사람 없다
사람이 키가 크면 보기에도 싱겁고 사실 싱거운 행동
이 많다는 말.

□ 키 큰 놈의 집에 내려 먹을 것 없다
키 작은 사람이 키 큰 사람의 집에 가서 먹을것이 없다
고 할 때 쓰는말.

티끌 모아 태산

☐ **타는 불에 부채질 한다**
　남의 재난을 보고 더욱 더 나쁘게만 일을 방해하는
　것을 말함.

☐ **탈이 자배기만큼 났다**
　일이 크게 벌어졌다는 뜻.

☐ **탐관의 밑은 안반 같고 염관의 밑은 송곳같다**
　탐관은 부정관리이고 염관은 청렴한 관리이다. 그런데
　이 속담에서는 탐관이 점점 성하고 염관은 점점 궁해
　진다고 말한다.

☐ **탕건 쓰고 세수 한다**
　일의 순서가 틀려 모양이 사납게 되었다는 말.

☐ **태를 길렀다**
　어리석고 못난 사람을 이르는 말.

□ 태산 명동에 서일필
  무엇을 크게 떠벌였는데 실제의 결과는 작다는 뜻.

□ 태산(泰山)을 넘으면 평지(平地)를 본다
  고생을 하고 나면 다음에는 즐거운 일이 있게 된다는
  말.

□ 터를 닦아야 집을 짓는다
  모든 일에는 기반과 순서가 있어야 한다는 말.

□ 터주에 놓고 조왕에 놓고나면 아무것도 없다
  얼마 되지 않는 재물을 이것저것 나누고 나면 남는게
  없다는 말.

□ 터주에 붙이고 조왕에 붙인다
  여기저기에 갈라 붙인다는 말.

□ 터진 꽈리 보듯 한다
  어떤 일이나 물건을 중요하게 보지 않는다는 뜻.

□ 턱 떨어진 개 지리산 쳐보듯 한다
  이루지 못할 일을 공연히 바란다는 것.

□ 털끝도 못 건드리게 한다
  조금도 손을 대지 못하게 한다는 것.

□ 털도 안 뜯고 먹겠다 한다
  남의 물건을 통채로 먹으려고 너무 급히 덤빈다는 말.

□ 털어서 먼지 안 나오는 사람 없다
  누구나 그의 결점을 찾아보면 조금도 허물이 없는 사
  람이 없다는 뜻.

□ 털을 뽑아 신을 삼겠다
  큰 은혜는 꼭 갚겠다는 뜻.

□ 털토시를 끼고 게구멍을 쑤시어도 제 재미다
제 뜻대로 하는데 아무도 그것에 대해 무어라고 말할
까닭이 없다는 것.

□ 텁석부리 사람된 데 없다
수염이 많은 사람을 놀리는 말.

□ 토끼 둘을 잡으려다가 하나도 못 잡는다
욕심을 부리면 여럿 가운데서 하나도 이루지 못한다는
뜻.

□ 토끼가 제 방귀에 놀란다
남 모르게 저지른 잘못이 두려워서 스스로 겁을 먹고
떨고 있는 사람을 보고 하는 말.

□ 티끌 모아 태산
아무리 적은 것이라도 모이면 큰 것이 될 수 있다는
말.

파

파리 목숨 같다

☐ **파리 목숨 같다**
　　인생은 덧없고 우리 생명이 보잘 것 없는 것을 뜻함.

☐ **파리발 드리다**
　　손을 싹싹 빌며 애걸한다는 뜻.

☐ **판에 박은 것 같다**
　　여럿이 신통스럽게도 꼭 같을 때 쓰는 말.

☐ **팔난봉에 뫼 썼다**
　　어리석고 못난 자식을 두었을 때 쓰는 말.

☐ **팔이 들이 굽지 내 굽나**
　　자기와 아주 가까운 사람일수록 정이 더 쏠리는 것이
　　사람의 상정이라는 뜻.

☐ **팥이 풀어져도 솥 안에 있다**
　　손해를 본 듯 싶지만 사실은 별 손해가 없다는 말.

□ 팔자가 사나우니까 의붓아들이 삼년 맏이라
  닥친 일이 마땅하지 못함을 스스로 한탄하는 말.

□ 팔자를 고친다
  여자가 다시 시집가는 것을 말함.

□ 팥죽 단지에 새앙쥐 달랑 거리듯
  무엇을 잊지 못하여 자주 드나드는 것을 말함.

□ 패에 떨어졌다
  남의 암수에 넘어갔다는 말.

□ 패장(敗將)은 말이 없다
  승부를 내기하다가 지거나 무슨 일을 잘못하였을 때에
  는 무엇이라 말하지 않는다는 뜻.

□ 편지에 문안(問安)
  편지에는 언제나 문안 말이 있어야 마땅하다 함이니
  항상 빠뜨려서는 안됨을 말함.

□ 평양 감사도 저 싫으면 그만이다
  아무리 좋은 일일지라도 자기 마음에 들지 않으면 억
  지로 시키기 힘들다는 뜻.

□ 평양 병정의 발싸게 같다
  더러운 물건이나 천하고 비겁한 말 혹은 행동을 가리
  킴.

□ 평양 황 고집이라
  완고하고 고집 센 사람을 말함.

□ 평지에서 낙상한다
  위험이라고는 전혀 없는 곳에서 실패한다는 뜻.

□ 평택이 무너지나 아산이 깨어지나 해보자
끝까지 결정해 보자는 뜻. 평택과 아산은 청일전쟁때
싸움을 한 곳이다.

□ 폐부(肺腑)를 찌른다
가슴을 찌르는듯 감명이 깊다는 뜻.

□ 푸석돌에 불난다
노력과 수완이 뛰어나면 뭣이든지 꼭 이루어진다는
뜻.

□ 푸성귀는 떡잎부터 알고 사람은 어렸을 때부터
안다
크게 될 사람은 어려서부터 남 다른 데가 있어 알아 볼
수 있다는 말.

□ 푸줏간에 든 소
죽을 처지에 놓여 아무리 해도 벗어나지 못하게 된 것
을 말함.

□ 풋고추 절이김치
서로 친하게 지내는 사람들을 말함.

□ 풋내기 흥정
푼돈으로 셈하는 작은 흥정이라는 뜻.

□ 풀 끝의 이슬
사람의 생애란 이슬처럼 덧없이 허무하여 마음 둘 곳
이 없다는 말.

□ 풀방구리 쥐 드나들듯 한다
자주 드나든다는 뜻.

□ 풀베기 싫어하는 놈이 단수만 센다
하는 일에 싫증을 느껴 별로 해 놓은 일도 없이 결과만
좋기를 바란다는 뜻.

□ 품안에 있어야 자식이라
자식이 어렸을 때는 부모를 따르나 성장한 후 차츰 부
모로부터 멀어진다 하여 쓰는 말.

□ 풍년 거지 더 섧다
모두 넉넉한데 자기 혼자만 궁하게 있으니 더 섧다는
말.

□ 풍년거지 쪽박 깨뜨린 형상
서러운 중에 다시 서러운 일을 만나 낭패된 사람을 말
함.

□ 풍년 개 팔자
걱정 없고 편안한 처지라는 뜻.

□ 풍을 떤다
없는 것을 많은 듯이 나쁜 것을 좋은 듯이 헛되게 과장
한다는 말.

□ 피는 물보다 진하다
뭐니뭐니 해도 한 형제자매가 낫다는 말.

□ 피장 파장
서로 매일반이라는 뜻.

□ 핑계 없는 무덤 없다
무슨 일이라도 반드시 핑계거리는 있다는 뜻.

하

하룻 강아지 범 무서운 줄 모른다

☐ **하나를 보면 열을 안다**
　일부를 보고 전체를 알 수 있다는 말.

☐ **하나만 알고 둘은 모른다**
　도무지 융통성이 없고 미련한 것을 말함.

☐ **하나부터 열까지**
　어떤 것이든 모두 다라는 뜻.

☐ **하늘과 땅**
　그 차이가 매우 심하다는 뜻.

☐ **하늘 높은 줄은 모르고 땅 넓은 줄만 안다**
　키는 작고 옆으로만 퍼져 뚱뚱하게 생긴 사람을 말함.

☐ **하늘로 올라 가랴 땅 속으로 들어 가랴**
　꼼짝도 못하게 갇히어 아무 데도 숨을 곳이 없다는 뜻.

□ 하늘로 올라 갔나 땅 속으로 들어 갔나
갑자기 아무도 모르게 없어져 버렸을 때 쓰는 말.

□ 하늘 무서운 말
천벌을 받을 못된 말이란 뜻.

□ 하늘 밑의 벌레
사람을 가리키는 말.

□ 하늘보고 주먹질 한다
당치도 않은 일을 한다는 것.

□ 하늘보고 침 뱉기
자기 스스로가 자기에게 욕되는 일을 할 때 쓰는 말.

□ 하늘에 돌 던지는 격(格)
힘써 수고한 보람은 고사하고 도리어 자기에게 재앙이
생기게 된다는 말.

□ 하늘을 도리질 한다
기세가 너무 당당하여 두려운 것 없는 듯이 행세하는
것을 가리킨 말.

□ 하늘을 보아야 별을 따지
어떤 일에 성과를 거두려면 거기에 상당한 노력과 준
비가 마땅히 있어야 한다는 뜻.

□ 하늘의 별 따기
너무나 어렵고 힘이 들어 이룰 가망이 없는 일을 말함.

□ 하늘이 돈짝 만하다
어떤 일에 혹하여 눈이 어두워 지거나 정신이 얼떨떨
하여 사물을 똑바로 보지 못하는 상태를 말함.

□ 하늘이 만든 화는 피할 수 있으나 제가 만든 화
는 피할 수 없다
　　사람은 자기가 범한 잘못으로 인하여 반드시 그 후환
　　을 입게 된다는 뜻으로 하는 말.

□ 하늘이 무너져도 솟아날 구멍이 있다
　　아무리 어려운 처지에 있을지라도 그것을 벗어나서 다
　　시 잘 될 수 있는 방책이 서게 된다는 뜻.

□ 하늘이 무너지고 땅이 갈라진다
　　자식이 부모를 여의거나 아내가 남편을 여의었을 때
　　그 가슴 아픈 심정을 두고 하는 말.

□ 하던 지랄도 멍석 펴 놓으면 안한다
　　계속 하던 일도 잘하라고 떠받들어 주면 안한다는 뜻.

□ 하루 굶은 것은 몰라도 헐벗은 것은 안다
　　집안이 가난하여 먹지 못하고 지내는 것은 남의 눈에
　　쉽게 뜨이지 않으나 옷을 입지 못하는 것은 곧 나타나
　　는 것이니 옷차림은 너무 궁하게 보이지 말라는 뜻.

□ 하룻 강아지
　　철 모르고 함부로 덤비는 사람을 가리키는 말.

□ 하룻 강아지 범 무서운 줄 모른다
　　철 모르고 함부로 덤비는 것을 가리키는 말.

□ 하룻 강아지 서울 다녀오듯
　　철없는 것은 아무리 좋은 일을 보아도 소용없다는 말.

□ 하룻 밤에 만리성을 쌓는다
　　잠시 동안에 깊은 정의를 맺는다는 말.

□ 하룻 밤을 자도 헌 각시
　　여자의 정조를 굳게 지키라는 것을 강조하는 말.

□ 학질을 뗀다
　　떼기 어려운 고역을 면했다는 뜻.

□ 한강에 돌던지기
　　지나치게 작아 전혀 효과가 없다는 말.

□ 한 귀로 듣고 한 귀로 흘린다
　　말을 해도 곧 잊고 듣지 않는 것과 같다는 말.

□ 한 날 한 시에 난 손가락도 길고 짧다
　　세상의 모든 것이 다스리기가 힘들다는 뜻.

□ 한 달이 크면 한 달이 작다
　　한번 좋은 일이 있은 후는 나쁜 일이 있고 세상 일은
　　돌고 돌아가게 마련이라는 뜻.

□ 한 되 주고 한 섬 받는다
　　조금 주고 그 댓가로 몇 갑절이나 많은 것을 받는다는
　　뜻.

□ 한 말등에 두 길마 다 질까
　　두가지 일을 한꺼번에 다 못한다는 말.

□ 한번 걸어 챈 돌에 두번 다시 채지 않는다
　　한번 실수를 하고선 다시는 실수를 거듭하지 않는다는
　　말.

□ 한번 실수는 병가의 상사
　　한번 쯤의 실수는 누구에게나 다 있는 것이니 크게 탓
　　할 것이 아니라는 뜻.

□ 한번 엎지른 물은 다시 주워 담지 못한다
한번 해버린 일은 전과 같이 하려고 하나 다시 고쳐 회복할 수 없다는 뜻.

□ 한번 한 말은 어디든지 날아 간다
일단 한 말은 반드시 사방으로 그 말이 퍼져간다는 뜻.

□ 한 부모는 열 자식을 거느려도 열 자식은 한 부모를 못 모신다
부모는 많은 자식들이라도 애정으로 거느리나 부모가 늙은 다음 여러 자식들이라도 그 부모를 잘 모시지 못하고 자식 많은 부모도 올데 갈데 없게 된다는 뜻.

□ 한 사람의 덕(德)을 열이 본다
한 사람이 잘 되면 그의 가족 일가 친척 친구둥이 그의 힘을 빌어 잘 될 수도 있다는 뜻.

□ 한 술 밥에 배 부르랴
무슨 일이나 처음에는 큰 효과를 얻을 수 없다는 말.

□ 한 시를 참으면 백 날이 편하다
세상 살아나가는 데는 괴로움도 많고 참기 어려운 일들도 많으나 꾹 참고 견디어야 뒷 일이 편안하다는 말.

□ 한 어미 자식도 오롱이 조롱이
세상 일이 다 같을 수는 없다는 말.

□ 한 일을 보면 열 일을 안다
한 가지 일을 보면 그 사람의 다른 모든 행동도 미루어 알 수 있다는 말.

□ 한 잔 술에 눈물 난다

화약을 지고 불로 들어간다

사소한 일에 원한이 생기는 것이니 사람을 대접할 때
어떤 사람에게는 후하게 어떤 사람에게는 야박하게 하
는 일이 없도록 고르게 하라는 말.

□ 한 집에 있어도 시어미 성을 모른다
자기에게 가깝고 손쉬운 일은 흔히 아무 생각없이 지
나치는 수가 많아 도리어 잘 모른다는 뜻.

□ 한편 말만 듣고 송사 못한다
한편 말만 듣고서는 시비를 판단하기 어렵다는 뜻.

□ 한 푼 돈에 살인 난다
세상 인심들이 야박하고 무정하며 저마다의 물욕 때문
에 큰 변을 일으키는 것이니 조심하라는 뜻.

□ 한 푼 장사에 두 푼 밑져도 팔아야 장사
장사를 하려면 최악의 경우에는 밑지더라도 팔아야 잘
된다는 뜻.

□ 한푼짜리 푸닥거리에 두부가 1푼
조그마한 일을 탐내다가 그 이상의 큰 손해를 본다는
말.

□ 할 일이 없으면 낮잠이나 자라
무엇 때문에 쓸 데 없는 일에 지나친 말 참견을 하느냐
고 편잔 주는 말.

□ 할머니 뱃가죽 같다
시들시들하고 쭈글쭈글하다는 뜻.

□ 함흥 차사(咸興差使)
심부름 간 사람이 떠난 뒤 다시 돌아오지 않는 경우를
말함.

□ 합덕 방죽에 줄남생이 늘어 앉듯
   여러 물건이 줄지어 있는 것을 말함.

□ 해산 미역 같다
   몸이 부석부석 부은 사람을 이름

□ 행사가 개차반 같다
   몸가짐과 하는 짓이 단정치 못하고 추잡하다는 뜻.

□ 행사 하는 것은 엿보아도 편지 쓰는 것은 엿보지
않는다
   남의 편지 내용을 절대로 엿보아서는 안 된다는 뜻.

□ 허리춤에서 뱀 집어 던지듯
   다시는 돌아보지 않을 듯이 버린다는 뜻.

□ 허울 좋은 한울타리
   겉으로는 훌륭하나 속으로는 보잘 것 없다는 뜻.

□ 허파에 바람 들었나
   싱겁게도 웃으며 실없이 행동하는 사람을 말함.

□ 허파줄이 끊어졌다
   시시덕이를 두고 하는 말.

□ 헌 신 같이 버린다
   아낌없이 아주 내버리고 돌아보지도 않는 것을 말함.

□ 헛물만 켠다
   아무 보람 없이 헛수고만 한다는 뜻.

□ 혀를 빼 물었다
   일이 몹시 힘들다는 것.

□ 헤엄 잘 치는 놈 물에 빠져 죽고, 나무에 잘 오르는 놈 나무에서 떨어져 죽는다

아무리 좋은 기술과 재주를 가진 사람일지라도 한번 실수는 있는 법이니 조심하라는 뜻.

□ 헌 짚신도 짝이 있다

아무리 못나고 가난한 사람이라도 배필이 있다는 뜻.

□ 혀를 빼 물었다

일이 매우 힘들다는 뜻.

□ 형만한 아우 없다

모든 일을 해 나가는데 있어 형이 아우보다 역시 낫다는 말.

□ 형 미칠 아우 없고, 아비 미칠 아들 없다

아우가 아무리 잘 났어도 형만 못하고, 아들이 아무리
잘 났어도 그 아비만 못하다는 말.

□ **형보니 아우**

형을 보면 그 아우는 볼 필요도 없다는 말. 형제간에는
서로 닮았음을 뜻함.

□ **호랑이 굴에 가야 호랑이 새끼를 잡는다**

뜻하는 성과를 거두려면 마땅히 그에 대한 일을 성실
하게 한 다음 기다려야 한다는 말.

□ **호랑이는 죽어서 가죽을 남기고, 사람은 죽어서
이름을 남긴다**

사람은 살아 생전에 훌륭한 일을 하여 죽은 후에 빛나
는 이름을 남겨야 한다는 말.

□ **호랑이 담배 먹던 이야기**

지금 형편과는 아주 다른 아득한 옛날 이야기라는 뜻.

□ **호랑이도 제 말 하면 온다**

그 자리에 없다고 하여 남의 잘못을 함부로 말하지 말
라는 뜻.

□ **호랑이도 제 새끼 안 잡아 먹는다**

호랑이 같이 아주 사나운 짐승도 제 새끼는 안 잡아먹
는다는 뜻.

□ **호미로 막을 것을 가래로 막는다**

일이 크게 벌어지기 전에 미리 처리하라는 뜻.

□ **호박씨 까서 한 입에 넣는다**

조금씩 조금씩 저축한 것을 한꺼번에 소비해 버리는
것을 말함.

□ 호박에 말뚝 박기
심술 궂고 가혹한 짓을 하는 것을 말함.

□ 호박이 넝쿨채로 굴러 떨어졌다
뜻밖의 좋은 수가 생겼을 때 쓰는 말.

□ 혹 떼러 갔다가 혹 붙여 온다
이익을 얻으러 갔다가 도리어 해를 당했을때 쓰는 말.

□ 홀아비는 이가 서말, 과부는 은(銀)이 서말
여자는 혼자서 살아 갈 수가 있어도 남자는 혼자 살기
가 어렵다는 뜻.

□ 화(禍)가 복(福)이 된다
처음에는 걱정스럽던 일이 후에는 도리어 다행스럽게
되는 경우를 말함.

□ 화약(火藥)을 지고 불로 들어간다
자기가 스스로 위험한 일을 하여 재앙을 청한다는 말.

□ 홧김에 화냥질 한다
마음의 울분을 이기지 못하고 자기 신세를 망치는 일
을 저지른다는 뜻.

□ 효성(孝誠)이 지극(至極)하면 돌 위에 풀이 난다
어버이에 대한 효성이 지극하면 기적적으로 하늘이 돕
는 일도 있는 법이라는 뜻.

□ 후레 아들
부모나 다른 사람의 교육을 받지 못하고 자기 마음대
로 자라서 버릇이 없는 놈을 말함.

□ 후에 보자는 놈 무섭지 않다

한 술 밥에 배 부르랴

훗날 기약하는 사람을 믿고 기대할 것이 못된다는 뜻.

□ 흉 각각 정 각각

사람에게 대하여 쏠리는 정과 그가 가지고 있는 결점
과는 관계 없는 것이라는 뜻.

□ 흑백(黑白)을 가린다

시비와 곡절을 분명히 한다는 뜻.

□ 흘러가는 물도 떠 주면 공(功)이라

남을 위하여 좋은 일을 하고 어려운 사람을 도와 주는
것은 조그만 일일지라도 선행(善行)이라는 뜻.

□ 흥정은 붙이고 싸움은 말리랬다

좋은 일은 하도록 권하고 나쁜 일은 말려야 한다는 말.

□ 흥진비래(興盡悲來)

즐거운 일이 다하면 슬픈 일이 온다 함이니 좋은 일과
궂은 일이 덧없이 돌고 돈다는 말.

속담풀이

2026년 1월 20일 인쇄
2026년 1월 22일 발행

저　자 | 편집부
발행인 | 윤영수
발행처 | 한국학자료원
등　록 | 제12-1999-074호

주　소 | 서울 은평구 연서로 37길 40-1
팩　스 | 02.3159.8051
E-mail | eksung@naver.com

ISBN 979-11-7417-132-0(03380)

정가 25,000원